# データサイエンスリテラシー

モデルカリキュラム準拠

数理人材育成協会　編

培風館

本書に記載されている会社名や製品名などは，一般に，関係各社／団体の商標
または登録商標です。

本書の無断複写は，著作権法上での例外を除き，禁じられています。
本書を複写される場合は，その都度当社の許諾を得てください。

救急車出動件数

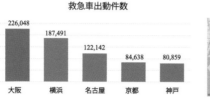

通報位置の分布

消防局の最適配置

図 1　データサイエンスによる消防局の配置計算 (第 I 章 §4.4 参照)

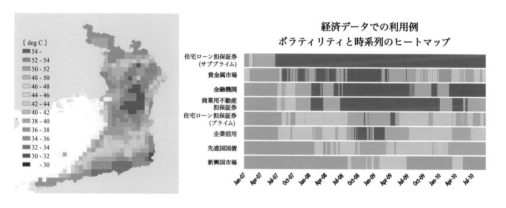

図 2　ヒートマップの例 (第 II 章 §2.1 参照)。左図は大阪の地表面の温度を色で表している。右図は，各項目においてボラティリティが高いところを赤，中間的なところを黄，低いところを緑で表している。
(左：山本雄平・石川裕彦「夏季晴天日における大阪の地表面温度特性」，日本気象学会関西支部例会 2017 年度第 2 回例会講演要旨集, p.11, 図 1 (日最高表面温度) を転載。
右：Global Financial Stability Report, Sovereigns, Funding, and Systemic Liquidity, Oct. 2010 (International Monetary Fund), p.3, Figure 1.3 より)

図 3 大阪の気象データ (月毎) のヒートマップ (第 II 章 §2.1 参照)。
数値の大きいとき赤を強く, 小さいとき青を強く描く。(気象庁ホームペー
ジ https://www.data.jma.go.jp/gmd/risk/obsdl/index.php のデータを用い
て作成)

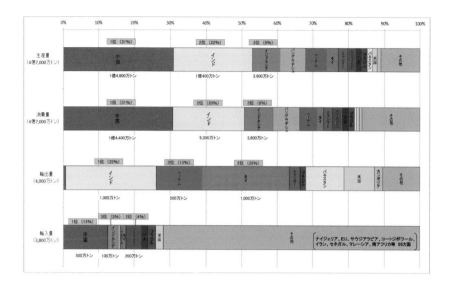

**図 4** 優れたデータ可視化事例：世界の米需給の現状の 100 ％ 積み上げ横棒グラフ (第 II 章 §2.3 参照) (農林水産省 2017 年 3 月　https://www.maff.go.jp/j/council/seisaku/syokuryo/170331/attach/pdf/index-21.pdf より引用)

**図 5** 優れたデータ可視化事例：人の活動を熱に例えたヒートマップ (第 II 章 §2.3 参照)。赤いほど人口の密度が高い。(IST PLAZA 年報 Web 版第 12 号 平成 29 年 https://www.ist.osaka-u.ac.jp/japanese/dept/istplaza/H29/topics/020/index.html 山口弘純，図 1 を引用)

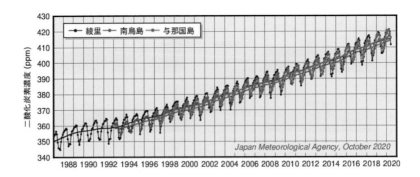

図 6　二酸化炭素濃度を全国 3 箇所で測定した時系列データ (第 IV 章 §4.1 例 4.3 参照) (気象庁ホームページ http://www.jma.go.jp/jma/index.htm より)

図 7　英文データ「不思議の国のアリス」をテキストマイニングしたワードクラウド (第 IV 章 §8.3 例 8.3 参照)。単語出現頻度が高いほど文字は大きく，関係の近い単語は近くに並ぶように配置されている。単語の色は品詞の種類で異なっており，青色が名詞，赤色が動詞，緑色が形容詞を表している。

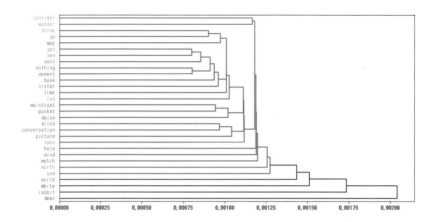

図 8　英文データ「不思議の国のアリス」をテキストマイニングしてクラスター分析したデンドログラム (第 IV 章 §8.3 例 8.3 参照)。単語の色は品詞の種類で異なっており，青色が名詞，赤色が動詞，緑色が形容詞を表す。クラスターをまとめる際に，クラスター内の単語出現傾向が似ている場合は同じ色の線で結ばれている。

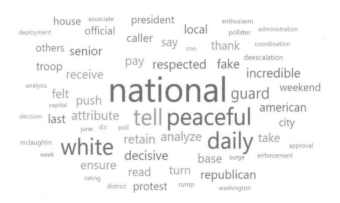

図 9　米国 トランプ前大統領の Twitter に連なるテキストデータをテキストマイニングしたワードクラウド (第 IV 章 §8.4 例 8.4 参照)

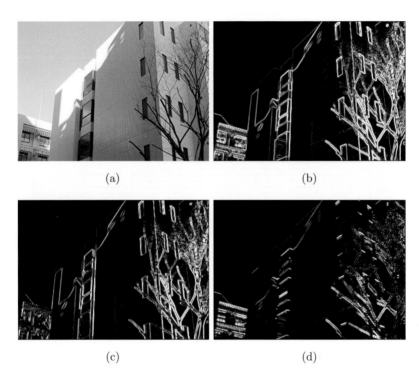

(a)

(b)

(c)

(d)

図 10　エッジ検出器の一例であるプリューウィットフィルターを用いた
画像処理の例。物体の縁 (エッジ) にあたるところをとらえている。
(a) もと画像，(b) 水平方向＋垂直方向，(c) カーネル $\mathbf{F}_x$ によるフィル
タリング (水平方向)，(d) カーネル $\mathbf{F}_y$ によるフィルタリング (垂直方向)
(第 IV 章 §9.3 例 9.2)

新型コロナウイルス

様々　　研究　感染拡大　防止
　　　研究会　　中止　きたす

支障　活動

図 11　ワードクラウド (第 IV 章 §10.3 参照)。手書き文字を認識して
データマイニングした結果，出現頻度が高い単語は文字が大きく，関係の
近い単語は近くに並ぶ。

# まえがき

　インターネットの広範な浸透，情報通信・計測技術の飛躍的発展は，従来の社会システムの在り方を変えつつある。デジタル化とグローバル化が不可逆的に進み，社会・産業の転換が世界的に大きく進む現代において，数理・データサイエンス・AI は，現代を生き抜くための基礎知識としてすべての学生が身に付けておくべき素養である。政府が 2019 年に定めた「AI 戦略」では，全国の大学，高等専門学校に対して，年間 50 万人を対象としたリテラシーレベルと，年間 25 万人を対象とした応用基礎レベルの教育実践を求めている。

　国内の 6 大学による"数理・データサイエンス教育強化拠点コンソーシアム"が定めた「数理・データサイエンス・AI (リテラシーレベル) モデルカリキュラム〜データ思考の涵養〜」は，その前半であるリテラシーレベル教育の道しるべである。導入・基礎・心得・選択の各セッションをとおして目指すところは，数理・データサイエンス・AI を日常の生活，仕事等の場で使いこなせる基礎を主体的に身に付け，学修した知識・技能をもとに，人間中心の適切な判断ができ，不安なく自らの意思で AI 等の恩恵を享受し，これらを説明し，活用できるようになることである。

　本書は，このモデルカリキュラムに準拠した学部生向け授業の教科書である。大阪大学は本事業の拠点校の一つであり，その運営の主体となっているのは数理・データ科学教育研究センター MMDS である。MMDS は数理科学，データ科学，情報科学を主体とする現代のリベラルアーツである「数理・データアクティブラーニングプラン」70 科目を全学に提供してきた。上記モデルカリキュラムはそのうちの 2 科目，4 単位分にあたる。また本書は，一般社団法人 数理人材育成協会 HRAM が運営する社会人リカレント「初級コース」のテキスト

i

にもなっている。そこでは社会人会員はもとより，学生会員に対しても動画コンテンツを活用した教育実践を行っている。本書の内容は，これまで学部教育でまとまったものとして取り上げられてこなかったものであるが，すでに産業界や経済界において活躍し，意思決定にかかわる立場にある方々も含め，ぜひ本書を手に取っていただき，大学における新しいリベラルアーツ教育実践の息吹にふれていただけたらと思う。

　図や絵をみてわかった気になっても，実際には理解できていない場合が多い。教科書をとおして数式やアルゴリズムを正確に理解できるように，本書ではあえて図や表は多用せず，代わりに数式や作業手順を丁寧に解説した。テキストや画像の分析アプリの利用法や例，また統計・線形代数などの数学の基本的な部分にも十分の紙数を使い，テキスト解析，画像解析，パターン認識等のデータサイエンス・AI 教育に，全国の国公私立大学で利用していただけるように配慮したつもりである。

　本書が想定する読者は，文系から理系まで，全国すべての大学生と高等専門学校生である。現実から数字を引き出して処理することを体験させることで数式にスムースに移行できるよう配慮し，高大接続にはとりわけ留意した。高校2 年次以降の数学教育を受けていない学生にとっても，第 IV 章§2 までのかなりの部分が独力で理解できるはずである。適宜与えられている練習問題を自力で解き，統計的検定を体験して，データサイエンスのおもしろさにふれてほしいと思う。

　なお，MMDS では，本書に準拠し，数理・データサイエンス教育強化拠点コンソーシアム 教材ポータルサイト

　　`http://www.mi.u-tokyo.ac.jp/consortium/e-learning.html`
で公開しているスライド教材や，教務システムに活用できる毎回のクイズとその解答を作成している。大学等で教科書として使用する場合には，いつでも提供できるのでご連絡いただきたい。また，社会人にとって有用な Excel スキルについては HRAM 会員用の別コンテンツを用意している。本書では特に高校との接続に留意したが，教育実践の場ではさらにきめ細かな工夫をしていただけると幸いである。なお，HRAM では，社会人のためのより実践的な教科書(文献 [8]) も編纂しているので，さらに先に進まれたい読者は一読されることをお勧めする。

　本書の執筆にあたっては，主として，第 I 章は高野 渉 大阪大学特任教授，また第 II 章から第 IV 章までは宮西吉久 現信州大学准教授が担当し，MMDS が全体を責任編集した。また，瀧 寛和 和歌山大学前学長には，HRAM が運営するリカレントコースを担当され，記述内容の改善にご尽力いただいた。受講生である学生，社会人の方々から受けた多くの質問やご指摘については，編集に際して反映させていただいた。また，出版にあたっては培風館編集部の岩田誠司氏にご尽力をいただいた。以上の方々に謝意を表する。

　　令和 3 年 8 月 吉日

　　　　　　　　　　　　　　　　　　　　　　　　　鈴 木　貴

# 目　　次

## I. 導　　入　　*1*

**1.** 社会で起きている変化とデータ・AI 利活用 . . . . . . . . .　1

  1.1　社会のデジタル化の加速　1

  1.2　ビッグデータと IT プラットフォーム　3

  1.3　進化する AI の研究・技術　4

**2.** 社会で活用されているデータ . . . . . . . . . . . . . . . . . .　8

  2.1　データの収集とオープン化　8

  2.2　IoT 社会における計測とビッグデータ　9

  2.3　構造化されていないビッグデータ　11

**3.** ビッグデータ・AI の活用領域 . . . . . . . . . . . . . . . .　14

  3.1　ビッグデータ・データサイエンス・AI × マーケティング　14

  3.2　ビッグデータ・データサイエンス・AI × 設計　15

  3.3　ビッグデータ・データサイエンス・AI × 物流　17

  3.4　ビッグデータ・データサイエンス・AI × スポーツ　18

**4.** データ・AI 利活用のための技術 . . . . . . . . . . . . . . . .　20

  4.1　データ分析　20

  4.2　教師あり学習　21

  4.3　教師なし学習　22

  4.4　PPDAC サイクル　24

**5.** ビッグデータ・AI 利活用の最新動向 . . . . . . . . . . . . .　26

  5.1　Web のビッグデータと検索　26

  5.2　購買行動データと推薦システム　28

  5.3　ビッグデータ・AI とビジネスモデル　29

## II. 基　　礎 *33*

**1.** データを読む . . . . . . . . . . . . . . . . . . . 33
1.1 データの種類　33
1.2 データの分布　34
1.3 代 表 値　35
1.4 平均の計算　37
1.5 データのばらつき　38
1.6 偏 差 値　41
1.7 データの関係性　43
1.8 誤差の扱い　48

**2.** データを説明する . . . . . . . . . . . . . . . . . 49
2.1 データ表現　49
2.2 不適切なグラフ表現　53
2.3 優れた可視化事例　54
2.4 データの比較　56

## III. 心　　得 *59*

**1.** データ・AI を扱ううえでの留意事項 . . . . . . . . . . . 59
1.1 データの取り扱い　59
1.2 AI とのかかわり　60
1.3 ビッグデータと AI の複合的な状況における課題　61

**2.** データの取り扱い . . . . . . . . . . . . . . . . . 62
2.1 データの利活用　62
2.2 データについての留意事項　64

**3.** AI とのかかわり . . . . . . . . . . . . . . . . . 65
3.1 AI の利活用　65
3.2 AI についての留意事項　67

## IV. 選　　択 *71*

**1.** 統 計 基 礎 . . . . . . . . . . . . . . . . . . . 71
1.1 統計的推測　71
1.2 推　　定　72
1.3 検　　定　76

**2.** アルゴリズム基礎 . . . . . . . . . . . . . . . . . . . . . . . 83

2.1 点, 辺, 次数　83

2.2 グラフ理論における基本的な問題　84

2.3 最短経路問題　89

2.4 距離の利用　95

**3.** 数 理 基 礎 . . . . . . . . . . . . . . . . . . . . . . . . . 101

3.1 行　　列　101

3.2 行列の加法, 減法, スカラー倍　102

3.3 行 列 の 積　103

3.4 零行列, 単位行列と逆行列　105

**4.** 時系列データ . . . . . . . . . . . . . . . . . . . . . . . . 107

4.1 変 動 要 因　107

4.2 移動平均, 自己相関　110

4.3 ノ イ ズ　114

**5.** 時系列解析 . . . . . . . . . . . . . . . . . . . . . . . . . 116

5.1 時系列データの予測　116

5.2 回 帰 分 析　118

**6.** 機械学習基礎 . . . . . . . . . . . . . . . . . . . . . . . . 124

6.1 全般的な説明　124

6.2 教師あり学習　125

**7.** 特 徴 抽 出 . . . . . . . . . . . . . . . . . . . . . . . . . 132

7.1 集合間の距離　132

7.2 クラスター分析の手順　133

**8.** テキスト解析 . . . . . . . . . . . . . . . . . . . . . . . . 141

8.1 ビッグデータとデータマイニング　141

8.2 共 起 頻 度　142

8.3 テキスト解析　144

8.4 テキスト解析の活用例　146

**9.** 画 像 解 析 . . . . . . . . . . . . . . . . . . . . . . . . . 148

9.1 画像解析の手順　148

9.2 基本的な手法　150

9.3 画 像 処 理　151

9.4 パターン認識　155

**10.** ビッグデータ利活用の実際 . . . . . . . . . . . . . . . . . 158

10.1 画像解析とビッグデータ　158

10.2 ビッグデータ利活用にあたって　160

10.3 ビッグデータ利活用の事例　162

**11.** 多変量解析 (1) ．．．．．．．．．．．．．．．．．．．．．．．．　164

11.1 例　164

11.2 重回帰分析　165

11.3 説明変数が多数の場合　170

11.4 決 定 係 数　171

**12.** 多変量解析 (2) ．．．．．．．．．．．．．．．．．．．．．．．．　173

12.1 判 別 分 析　173

12.2 線形判別分析　174

12.3 分析例の続き　178

**13.** 多変量解析 (3) ．．．．．．．．．．．．．．．．．．．．．．．．　180

13.1 数量化理論　180

13.2 数量化 I 類　180

参 考 文 献　　　　　　　　　　　　　　　　　*185*

索　　引　　　　　　　　　　　　　　　　　*187*

# I

---

# 導　　入

データサイエンスや人工知能 (AI) はどのようなものであろうか。本章では，数理・データサイエンス・AI が重要視されるようになった背景を概観し，それらを活用することの楽しさや学ぶ意義について述べる。数理・データサイエンス・AI を利活用することに興味をもち，そのことが次の学修への意欲や動機づけとなることで，学びの相乗効果を生み出すことが目的である。

## 1.　社会で起きている変化とデータ・AI 利活用

### 1.1　社会のデジタル化の加速

　人類はこれまで，蒸気機関の発明を発端として手作業を機械化して，鉄道や蒸気船のような効率的な移動・輸送手段を生み出した 18 世紀末の第 1 次産業革命，化学・電気・石油のエネルギーの技術革新と導入によって食料品や衣類などの一般消費財の大量生産を実現した 20 世紀前半の第 2 次産業革命，電子工学や情報技術を用いたオートメーション化によって生産の効率化をもたらした 1970 年初頭からの第 3 次産業革命を経験してきた。いま，第 4 次産業革命によって，社会や生活は劇的に変わろうとしている。日常生活を満たす膨大な情報がデジタル化され，あらゆるものがインターネットを介してつながり，情報をデータとして交換・共有する技術によって，これらのデータを解析・利活用した高度な計算処理が有機的に結びつけられた社会システムが形成されようとしている。この第 4 次産業革命を基盤として，**Society5.0** (サイバー空間とフィジカル空間を高度に融合させた技術を通じた経済発展と社会的課題を解決する人間中心の社会) に向けた成長戦略を内閣府は提唱している。

　Society5.0 を構成するひとつの鍵が，多様かつ膨大なデータ (ビッグデータ) である。「ビッグデータ」という言葉は 2012 年頃よりよく聞かれるようになった。サイバー空間だけでなく，フィジカル空間においても様々なセンサデバイスが実装され，日常生活におけるデータが日々発生している。その発生スピードは加速し，さらにデータの多様化も進んでいる。データは単に記録として蓄積されるだけでなく，多くのユーザーや機器に情報共有されて，インターネットを介して流通している。総務省「我が国のインターネットにおけるトラフィックの集計・試算」によると，ブロードバンド契約者のダウンロード総トラフィックは，2004 年の 214Gbps から 2018 年の 13,376Gbps と約 70 倍に増加している。

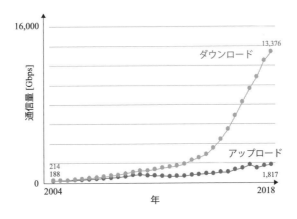

**図 I.1**　　インターネットの通信量の変化[1)]

　ただし，多くのデータを発生，蓄積，流通させるだけで新たな価値が生まれるというわけではなく，データを何かに活用することによってはじめて富・サービスが創出される。このように，データを利活用するための計算処理が**データサイエンス** (Data Science, DS) や**人工知能** (Artificial Intelligence, AI) である。ビッグデータとデータサイエンス・AI 技術が両輪となって，社会に大きな変革がもたらされようとしているのである。

---

　1)　総務省「我が国のインターネットにおける集計・試算」(2018 年) https://www.soumu.go.jp/joho_tsusin/eidsystem/market01_05_03.html より引用。

## 1.2　ビッグデータと IT プラットフォーム

　大規模なデータの蓄積が進まなかった時代には，情報そのものにあまり有用性を見いだすことができなかった。しかし，常に携帯電話を身に付け，仕事場や家庭でパーソナルコンピュータ (PC) を使用する生活が日常になるにつれ，世の中の情報量は日増しに増大し，これまでに経験をしたことがないほどのデータが蓄積され，少量のデータでは見いだすことができなかった価値が，膨大なデータの中から発見できる可能性がでてきた。データの規模の変化は状態の変化につながり，量的な変化は質的な変化を引き起こしている。

　例えば，ビッグデータの解析から導かれる相関関係が注目され，因果関係を追求しない傾向が強まっている。相関があるからといって因果関係があるとは限らないのだが，データから傾向や結論が得られるのであれば，それに至る理由や根拠がいらなくなると考えられがちになる。根拠に基づく理論を少しずつ組み上げていきながら結論へ接近する従来の科学的思考は覆され，ビッグデータに潜む関係性のメカニズムは不明だが，現象を適切に表現・予測できるからそれで良しとするアプローチが受け入れられつつあることは否めない。

　2015 年 Google は，米国でのインフルエンザを予測する研究を発表し[2]，大変な注目を集めた。インフルエンザの蔓延状況を把握する従来の手続きは，感染者が病院に行き，病院ごとに集計された情報が疾病予防管理センターに報告され，データ解析を行うものであった。そのため感染者と病院，病院と管理センターのあいだでは情報伝達の遅れが発生することは免れず，インフルエンザの蔓延状況をリアルタイムで把握することは困難であった。感染者の場所・時間を綿密に追って感染ルートの特定や拡がり方を把握しなければ，蔓延状況を理路整然と説明することができないだろうし，インフルエンザの蔓延に関する現在の状況を把握できていなければ，対策が後手後手にまわって致命傷を負いかねない。

　Google が着目したのは，インターネット上での人々の検索行動であった。インフルエンザの情報をインターネット上で探す場合，検索キーワードは「咳」「熱」「のどの痛み」などが利用されるであろう。すなわち，インフルエンザの蔓延具合に応じて，検索行動におけるキーワードの頻度に変化が現れるのである。Google はこの仮説のもとに，検索キーワードの頻度とインフルエンザの蔓

---

2)　https://www.nature.com/articles/srep08154

延状況の相関関係を調べたのである。Google はそれまでにも膨大な検索行動の
データを蓄積しており，そのデータと疾病予防管理センターが発表してきたイ
ンフルエンザの流行に関するデータとを対応づけたビッグデータを解析し，特
定の検索キーワードとインフルエンザの流行に高い相関関係があることを発見
した。こうして最新の検索行動を見守りながらインフルエンザの現状把握や予
測が可能になったのである。検索キーワードの動向とインフルエンザの流行の
あいだにあるメカニズムは不明であり，それを説明することができないままに，
ビッグデータの統計解析から検索行動とインフルエンザの相関関係を見いだし
てインフルエンザ蔓延に関する予測へ適用するアプローチは，これまでとは異
なる視点からの画期的な方法論であった。

　ビッグデータが我々の物事のとらえ方を変え，新たな解析アプローチや価
値・サービスを生み出すことが予感されるなかで，GAFA (Google, Amazon,
Facebook, Apple) とよばれる**プラットフォーマー**が注目を集めている。プラッ
トフォーマーとは，複数の買い手と売り手を集め，相互に流通できるような仕
組みを構築し，有益なサービス・価値を創り出す事業者のことである。プラッ
トフォーマーは，多くのユーザーを集めて膨大なデータを収集し，そのデータ
を利活用したサービスを提供する。多くのデータを利用するほどにサービスの
質が向上すれば，そのサービスがユーザーの目に魅力的にうつり，より多くの
ユーザーを集客することができるのである。ユーザーが増えれば増えるほど，
サービスの利便性が増して価値が高まることを**ネットワーク効果**という。市場
での占有率で優位に立つと爆発的にユーザーが増えるのは，データ量とサービ
ス改善の正のフィードバック・好循環が構築されるからである。

## 1.3　進化する AI の研究・技術

　ビッグデータとともに我々の社会を大きく変えようとしている技術が **AI** で
ある。近年，AI という言葉を耳にする機会が増えているが，AI の研究や開発
は今に始まったわけではない。人間のように高度な認識・推論・意思決定など
を包含する知的処理をコンピュータで実現することを目指す AI 研究には長い
歴史があり，多くの人々に期待されながら (AI ブーム)，それを裏切り低迷する
時期 (冬の時代) を交互に繰り返してきた。

　AI という言葉が最初に提唱されたのは，1956 年の「ダートマス会議」であ

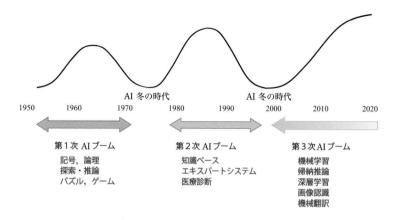

図 **I.2**　　AI の歴史概要

る。ここで，AI に関する複数の課題 (知能の機能を正確に記述すること，言語を操作できること，神経回路網を使用すること，計算処理の複雑さに関する理論を構築すること，機械が学習すること，物事を抽象的にとらえること，創造的思考を実現すること) が明確に提示された。AI の課題が明確になり，多くの科学者がそれら問題に挑戦する状況をつくりあげることによって，AI は科学の一分野としての地位を確立していく。

　このような追い風に乗って，1950～1960 年代に**第 1 次 AI ブーム**が起こった。第 1 次 AI ブームで主に研究された計算処理は，「推論」と「探索」である。人間の思考過程を記号を使って表現することによって，未知の事柄を推し量りながら答えへ到達する処理が「推論」である。一方，これとよく似ているが，「探索」は目的に至るまでの状態の過程を条件分岐を行いながら探し出す処理である。迷路を例として考えてみると，道が分かれる場所に条件が提示されており，その条件に合致する道を選択しながら進むと最終目的地へたどり着く過程が推論である。一方，目標地点が定められている場合に，そこへ到達するために分かれ道を選択・決定することによって，最良の行動をみつける過程が探索である。しかし，当時の AI で扱える問題は，迷路の解き方や単純な仮説から構成された課題に限定され，複雑に要因が絡み合った実社会の問題を解決することができないことが明らかになったため，AI への期待は薄らいでいき，冬の時代を迎えることになった。

　1980 年代に**第 2 次 AI ブーム**が起こった。専門家の知識をコンピュータが

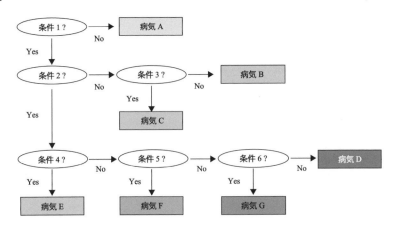

図 **I.3**　医療におけるエキスパートシステム

推論できるような形式に記述したものを与えることで，コンピュータが専門家と同様の判断をするプログラム (**エキスパートシステム**) が作成できるようになる。エキスパートシステムは，専門家の知識を条件式として表現し，条件分岐に従って答えの候補を絞りながら最終の判断に到達する処理方法である。これにより，医師や法律家などの専門知識を与えていくことで，実社会の個別特化した問題を解いてくれる AI を構築することが可能になった。しかし，必要な知識をコンピュータが自ら取捨選択しながら収集・蓄積することができなかったため，人間の手によってコンピュータが処理できる形式に変換・記述する必要があったことから，エキスパートシステムが活用される場面は，知識量が限られ，特定の領域に制約せざるをえなくなった。こうして，再び AI は冬の時代へ突入していくことになる。

　**第 3 次 AI ブーム**は，2000 年代から現在まで継続している。コンピュータが自ら知識を学習・獲得することが，**機械学習**によって実現できるようになったのである。例えば，AI が行う処理の一つとして，物事を分類する機能がある。分類する機能を学習するとは，ある事柄の特徴に応じて分ける条件を自ら探し出すということである。いまでは，コンピュータに大量の学習データを与えることによって，分類する基準をみつけさせることができるようになりつつある。

　さらに，第 3 次 AI ブームの背景には，これまで人手に任されていたモノの特徴を探し出すこと自体を，コンピュータが自動で行うことができる**深層学習**の

発展がある。従来の機械学習おいて，カメラで撮影した映像から「りんご」を
認識するには，「赤い」や「丸い」といった色や形に関する特徴を人間が教える
必要があった。深層学習では，コンピュータが，膨大なりんごの画像データか
らリンゴを適切に分類するのに適した特徴を "自らみつける (計算する)" こと
が可能になったのである。人手によってりんごの特徴を教えていなくても，画
像データを読み込ませるだけで，りんごの特徴を形成しながらモノを理解する
ことができるようになったのである。この深層学習で利用される数学モデルは
人間の神経ネットワークの構造を模擬していることから，**深層ニューラルネッ
トワーク**ともよばれている (第 IV 章 §6.2, 図 IV.19 参照)。

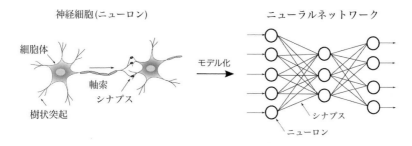

神経細胞(ニューロン)　　　　　　　　　　　ニューラルネットワーク

細胞体

軸索
シナプス

樹状突起

モデル化

シナプス

ニューロン

図 **I.4**　深層ニューラルネットワークの概念図

　深層ニューラルネットワークの学習や分類能力が高くなった反面，コンピュー
タの内部でどのような処理を経て判断に至ったかが不明瞭であるという「**ブラッ
クボックス問題**」が表面化してきた。我々がりんごを認識するときには，「赤い」
や「丸い」という情報を手がかりにするが，深層学習を用いたコンピュータが
りんごを認識するときにどのような特徴を利用しているのか，なぜこのような
特徴を採用したのかが人間にはわからないのである。例えば，患者の医療デー
タから AI が「癌」であると判断して，患者や親族に癌であることを伝えようと
すれば根拠を示すことが求められるであろう。そのときに医師がその根拠を説
明できなかったらどうであろうか。「人工知能が癌であると判断したからです」
という理由説明が説得力をもつであろうか。

　AI の判断が倫理的・道徳的に正しく信用するに足るのかという問題が昨今大
きな議論をよんでいる。判断の精度を向上することだけではなく，一方で，AI
の内部処理に関する説明性を高めるような研究も進められているのである。

★**練習問題 I.1.** 第 4 次産業革命と関連の深いキーワードを以下の中から選べ。

　(a) 石油　　(b) ビッグデータ　　(c) 蒸気機関　　(d) AI　　(e) 農耕

★**練習問題 I.2.** 第 3 次 AI ブームと関連の深いキーワードを以下の中から選べ。

　(a) エキスパートシステム　　(b) 記号推論　　(c) 深層ニューラルネットワーク

　(d) 機械学習

## 2.　社会で活用されているデータ

### 2.1　データの収集とオープン化

　社会の仕組み，ビジネス，生活様式の変化を促しているものが**ビッグデータ**(big data) である。公共機関が収集・公開している調査データや試験を通じて計測される実験データなど，多種多様なデータが世の中にあふれている。以下で，具体的に公開されている代表的なデータについてみていきたい。

　**国勢調査**は，日本に住んでいるすべての人と世帯を対象とする唯一の全数調査であり，最も重要かつ基本的な統計調査である。国勢調査では，市町村ごとの人口・世帯数・年齢別男女比・就業状況・産業構造・居住状況などの調査が行われる。その他にも，一定の統計的抽出法[3]に従って選出された全国約 9,000世帯を対象とした家計の収入・支出・貯蓄・負債などを調査する**家計調査**，約40,000 世帯を対象とした就業・不就業の状況を調査する**労働力調査**，農林漁家を除くすべての事業所を対象とした事業種類・業態・従業員数・売上収入などを調査する**経済センサス**などがある。なお，これら調査結果は，国・地方自治体での生活環境整備・福祉政策や民間の出店計画や商品開発などに活用されている。

　これら調査を集計した統計データは，「政府統計の総合窓口 e-Stat」[4]で入手することができる。国勢調査の集計結果は「人口・世帯」分野，家計調査や経済センサスの結果は「企業・家計・経済」分野，労働力調査の結果は「労働・賃金」分野に分類されている。政府が主導して収集された多岐にわたる調査デー

---

3)　母集団のいかなるサイズの個体の集合も等しく選ばれる可能性のある「単純無作為抽出法」，母集団をいくつかの層 (グループ) に分け，各層の中から必要な数の対象を無作為に抽出する「層別抽出法」，母集団を小集団 (クラスター) に分け，いくつかのクラスターを無作為に抽出して，それぞれのクラスターにおいて全数調査を行う「クラスター抽出法」などがある。

4)　https://www.e-stat.go.jp/

タの集計結果や統計量は，このように分野ごとに体系化されてまとめられており，利活用しやすい形で公開されている。

## 2.2 IoT 社会における計測とビッグデータ

国勢調査では，膨大な母集団である日本国内の外国籍を含むすべての人および世帯を対象として，質問・回答形式の調査を通じて把握したい項目ごとのデータの収集を積み重ねて，ビッグデータを形成してきた。一方，近年のセンシングやネットワーク技術の向上によって，**IoT** (Internet of things) とそれに付随したビッグデータが大きな注目を集めている。IoT とは，社会インフラ (道路・鉄道・送電網といった産業基盤施設や学校・病院・公園などの公共施設など)，実世界のあらゆる機器，人 (スマートフォン，ウェアラブルデバイス) に取り付けられたセンサが，インターネットを介したデータのやり取りを通じて情報を共有しながら相互に機器を制御するシステムのことである。

**図 I.5**　センサネットワークとデータ流通[5]

IoT 社会がもたらす社会課題解決や新しいビジネスの例として，介護施設や独居住宅に設置されたカメラなどによる高齢者の見守り，橋梁に埋め込まれたひずみセンサなどによる老朽状態のモニタリングなどをあげることができる。これまでセンサといえば，工場などの産業用ロボットや自動車・電気機器に取り付けられ，機械の状態を観察するためのものという認識が広くあったが，IoT

---

5)　図内のイラストは https://publicdomainq.net より。

社会においては，センサを搭載した機器は社会の情報を取得・収集するための端末として期待され，求められる役割が広がっている。センサを使用したハードウェア機器から，センサから収集されるビッグデータをいかに利用して新たな価値やサービスを生み出すかといったアプリケーション開発が，インフラ・移動交通・エネルギー・農業・スポーツ・教育・医療・介護などの，幅広い分野で重要になっている。

| 労働人口減少 | 生産工程の自動化 |
| 高齢化社会 | 高齢者の見守り支援 |
| 養育・教育 | 遠隔授業，保育支援 |
| インフラ老朽化 | 振動・亀裂等のモニタリング |
| 移動・交通 | 車線・速度維持制限，自動運転 |
| エネルギー | 人感センサ，電力需要予測 |
| 農　　業 | 農作物モニタリング，自動収穫 |

図 **I.6**　IoT が期待される課題解決例 (センサネットワークの応用)

　センサが取得する社会活動や状況に関する情報を利活用するアプリケーション開発には，センサビッグデータとともに，新しい課題解決やサービス提供につなげる独創的な着眼点が必要となる。データを企業や個人が囲い込み，単独でデータを使用したアプリケーションの開発は，独創的なアイデアに限界が生じ，小規模なサービスに留まらざるをえない。データを公開することで，誰でもアイデアを出しながら協働して技術を作り上げていく**オープンイノベーション**という新たな研究・開発アプローチの重要性が認識されはじめている。例えば，携帯電話ビジネスにおいては，Apple や Google はオープンイノベーションを巧みに活用して，携帯端末の使用者を増やすことに成功した。API (Application Programming Interface)[6)] を公開し，誰でもがアプリケーション開発に参加することができる環境を整備し，有益なアプリケーションを搭載する携帯端末にユーザーを引き付ける流れができている。このように，様々な個人・企業がビッグデータを公開するプラットフォームを提供することによって，新規参入者を集客しながら連携を図り，多様な価値・サービスが創られる活動が活発化する流れは今後ますます加速していくであろう。

---

6)　ソフトウェア間で情報を簡易にやりとりするためのインターフェースの仕様のことをいう。

## 2.3 構造化されていないビッグデータ

　質問・回答をとおして収集されるような調査データは，項目ごとに数値が対応している。行と列からなる表の形式でデータが整然と並べられているため，人間にとって解読性が高く，分析・管理することが容易である。複数のファイルに格納されているデータを集めてビッグデータ化する場合でも，各項目の関係性からデータ間を紐づけることによってデータベースを構築することができる。このような特徴を有するデータを総称して**構造化データ** (structured data) とよぶことがある。

　一方，IoT 時代において，社会 (現場) をセンシングして取得される画像・音声・テキストデータは，行や列ごとに明確な定義をもたない。そのため，センサを通じて数値化された個別の情報は人間が容易に解釈できるものではないが，各データの特徴にあわせ，個別の解読ソフトウェアなどを用いて人間も理解できる情報として可視化することができる。このような特徴を有しているデータが**非構造化データ** (unstructured data) とよばれるもので，センサの普及と通信のブロードバンド化にともない，観測・流通・蓄積される情報は，アナログデータからデジタルデータへと大きく変化するとともに，その量も爆発的に増大している。特に，非構造化データにビッグデータ化の傾向を顕著にみること

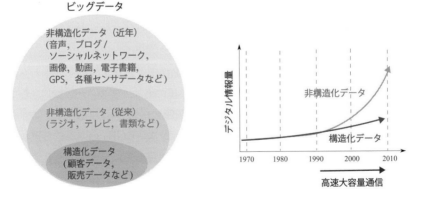

**図 I.7**　構造化・非構造化データとビッグデータ化[7]

7)　総務省「情報流通・蓄積量の計測手法に係る調査研究報告書」(2013 年 3 月) https://www.soumu.go.jp/johotsusintokei/linkdata/h25_03_houkoku.pdf より。

ができる。

　非構造化データのうちで，**自然言語・音声・画像**に関して公開されているデータセットをみてみよう。

　● 新聞記事に品詞や係り受け関係などの形態素・構文情報が付与されたテキストデータセット[8]，著作権の消滅した作品および「自由に読んでもらってかまわない」とされた電子書籍アーカイブ[9]，日本語と英語の対訳文から構成されるテキストコーパス，膨大な数の日本語表現を数十種類の感情に分類したデータセットなどが公開されている。また，最近のソーシャルネットワークサービス (Social Networking Service, SNS) の普及にともない，ツイートされた文章に対して評判情報を付与したデータセット[10] も整備されている。これらの言語データセットは，形態素・構文解析，機械翻訳，感情推定や文章自動評価の自動アルゴリズム開発に利用されている。

　● 音は空気の圧力変化であり，横軸に時間，縦軸に音圧をとると音は波動であることがわかる。音が大きくなると音圧の振幅が大きくなり，高音になると振動が速くなる。この音圧の変化をセンサによって捕捉してデジタル化したものが**音声データ**である。音声データを男性話者と女性話者に分類したデータセット[11]，音声フレーズを話者に分類したデータセット，人手によって言語ラベルが付与された音声データ[12]，英語やドイツ語のウィキペディア記事を読み上げ，各単語の対応関係の情報が付与された音声データなど多くの音声データセットが公開されている。また，膨大な曲の音声データも作成されており，自動音楽構成システムを構築するための学習データとして利用される。

　● 画像を格子状に分割した小領域を**画素** (撮像素子に対応，ピクセルともいう) という。白黒画像の場合，各画素の白から黒の濃淡の度合いが数値化されており，その数値の配列として表されたものが**画像データ**である (第 IV 章 §9.4 参照)。カラー画像の場合は，各画素の色は赤・青・緑 (RGB) の 3 原色の重ね合わせであり，それぞれの原色に対する濃淡を数値化して，その配列として表現

---

8)　形態素解析用の自然言語コーパス https://nlp.ist.i.kyoto-u.ac.jp/？京都大学テキストコーパス

9)　電子書籍アーカイブ (青空文庫) https://www.aozora.gr.jp/

10)　Twitter の感情分析データ
http://www.db.info.gifu-u.ac.jp/sentiment_analysis/

11)　男女の音声データ http://research.nii.ac.jp/src/ETL-WD.html

12)　音声とテキスト付与されたデータ https://nats.gitlab.io/swc/

することができる。4K 解像度カメラで撮影した画像には，縦方向に 4,096 個，横方向に 2,160 個の画素が敷き詰められている。1 枚の画像だけで，約 900 万個 (4,096 × 2,160 = 8,847,360 個) の画素の数値から成り立っていることからも，画像がいかに膨大なデータで表現されているかがわかる。

手書き文字の画像に 0〜9 までの正解ラベルが付与された画像データセット[13]，膨大な画像とそこに映っている物体のラベル名が付与 (アノテーション) された画像データセット[14]，各物体が占領している領域 (セグメンテーション) 情報が付随した画像データセットなどが複数の機関から提供されている。これらは，一般的な文字や物体認識の機械学習アルゴリズムの学習用データに利用されており，認識精度比較のためのベンチマークデータとしても活用されている。画像に映っている物体を指し示すラベルを人手によって付与する作業は単純だが，膨大な数の画像 1 枚 1 枚にラベルを付ける大変骨の折れる仕事であり，ラベル付け作業にクラウドソーシングを利用するなど，画像データの収集を効率化するための工夫・仕掛けが施されている。なお，**クラウドソーシング**は，群衆 (crowd) と業務委託 (sourcing) を組み合わせた造語であり，不特定多数の人が協力しながらタスクを遂行する枠組みである。ICT が普及するにつれて，必要なときに必要な人材を調達できるクラウドソーシングは，業務を依頼する手段として広がりをみせている。

★**練習問題 I.3.** 非構造化データを以下の中から選び，どのようなものであるかを説明せよ。

   (a) 音声   (b) POS データ   (c) 画像   (d) 動画   (e) e-Stat の csv データ

★**練習問題 I.4.** IoT 社会で重要な項目を以下の中から選べ。

   (a) センサ   (b) 書籍   (c) 通信ネットワーク   (d) 国勢調査
   (e) スマートフォン

---

13)　手書き数字画像データセット (MNIST) http://yann.lecun.com/exdb/mnist/
14)　ラベル付き画像データセット (ImageNet) https://image-net.org/

## 3. ビッグデータ・AI の活用領域

ビッグデータと AI を用いた "データ駆動型モデリング" の進展は，自然科学，工学，医学，経済学やビジネスの世界において著しい[15]。

### 3.1 ビッグデータ・データサイエンス・AI × マーケティング

インターネットなどの発達により，商品やサービスをウェブサイトに掲載して販売する**電子商取引** (Electric Commerce, EC) がさかんになっている。EC サイトでは，各商品のページを閲覧した訪問者や商品を購入した顧客の数をデータとして入手することができる。好まれる商品の外観・機能・価格帯などを探索しながら商品開発へつなげることや，商品広告・掲載ページのデザインを改良するなどのマーケティング活動に，EC サイトにおける消費者の行動ビッグデータやそれらの分析結果が活用されている。

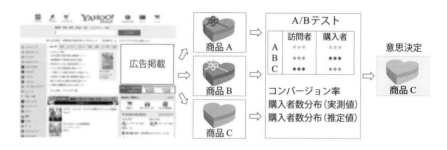

**図 I.8** マーケティングにおける A/B テストと意思決定

例えば，時期を変えながら EC サイトにおいて外観の異なる 3 つの商品 (A, B, C) を販売したとする。商品 B の販売数が商品 A, C の 2 倍であったからという単純な販売数の比較だけで，商品 B の外観が優れていると評価してよいであろうか。商品 B を販売したときに EC サイトへの広告が盛況であり，サイトの訪問者数が他の商品のときの 10 倍であったとしても，商品 B が好まれるデザイン性を有していると判断することは正しいであろうか。ただ単に多くの消費者が目にすることになり，購入される機会が単純に増えただけであり，商品 B

---

15) 大阪大学のプロジェクトについては https://www.ids.osaka-u.ac.jp/ja/projects/ などを参照。

の外観が販売数の増加に貢献したわけではないかもしれないので，商品の外観の差異が，販売数の増減に変化をもたらしたかどうかを分析する必要があるであろう。この場合，単なる販売数だけではなく，コンバージョン率，直帰率，離脱率などの割合に着目する。**コンバージョン率** (ConVersion rate, CV) とは，商品サイトの訪問者のうち，商品を購入した顧客の割合である。商品 A, B, C の個別 CV，それらを販売していた全期間にわたる CV を求めることができる。「商品の外観は販売数に影響を与えない」と仮定した場合，全期間にわたる CV と訪問者数から各商品の販売数が推定できる。販売数の推定値と実際の販売数に大きな乖離があれば，先ほどの仮説が誤っていることになり，商品の外観が販売数に影響を及ぼすと判定することができる。このような仮説と検定 (**A/B テスト**) を通じて，商品の優劣を評価し，その結果を商品開発・製造・販売へフィードバックすることになる (第 II 章 §2.4 例 2.6 を参照)。

## 3.2　ビッグデータ・データサイエンス・AI × 設計

　機械製品は，数十〜数万におよぶ要素部品を組み合わせて作られている。この製品を開発するときには，十分な性能・品質をクリアする設計に至るまで，部品選定・組立・実験・評価の工程からなる試行錯誤を繰り返すことになる。このなかで，業務経験に依存し，個人差がある工程が "部品選定" である。部品選定では当然，部品点数が多くなると組合せ数が膨らみ，開発・設計の工数が増えることになる。熟練技師は，要求される仕様に対して適切な部品を選定し，神がかり的にすばらしい製品を短時間で設計する。これを可能としているのが，これまでに試行錯誤を繰り返すことで培ってきた設計の経験と知識である。豊富な経験は部品などの設計変数データの収集・蓄積として，知識は設計変数から性能を推定・予測する計算とみなせば，設計をデータサイエンスの問題に置き換えることができそうである。

　データサイエンスというと最先端の方法論のように思われるかもしれないが，実は製造業においては，各種統計手法を駆使した**統計的品質管理** (Statistical Quality Control, SQC) とよばれる方法が古くから活用されてきた。少ない実験で効率的にデータが収集できる方法を計画・実験し (**実験計画法**)，収集したデータに設計変数から応答を推定する応答局面をはめ込み (応答局面法)，この応答局面を用いて仕様を満足する設計変数を探索する (**数理計画法**) のである。

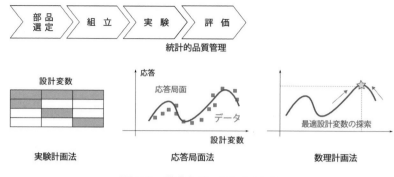

図 **I.9**　設計とデータサイエンス

　また，これまでは，実物を試作して動作実験によって性能などの各種データを
取得していたが，実物の製品を作り，それを動作させて各種センサなどを通じ
て挙動を計測することは大がかりであり，時間と費用のかかる作業である。し
かし，近年のシミュレーション技術の向上によって，コンピュータ上で部品を
組み合わせて製品を作成し，その動作を模擬した世界を作り上げることによっ
て，容易に観測実験ができるようになっている。データを収集する作業の手間
を省き，様々に設計変数を変えながらコンピュータ上で実験を遂行することに
よって膨大なデータを効率的に集めることができるのである。さらに，設計変
数と性能出力のビッグデータを深層学習によって学習させることで，所望の性
能を満足する設計変数の解を求める AI 研究も進められている。シミュレーショ

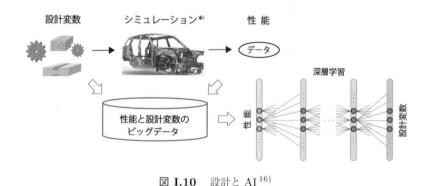

図 **I.10**　設計と AI [16)]

16)　車体の図は https://www.flickr.com/photos/landrovermena/8615020923/ より。
(This file is licensed under the Creative Commons Attribution 2.0 Generic license.)

ン技術，ビッグデータおよび AI 技術は，機械を作り上げていく流れを大きく変えようとしている。

## 3.3　ビッグデータ・データサイエンス・AI × 物流

　オンラインショッピングの普及により，手軽にモノが購入できる時代になった。EC 市場の急速な成長は，注文商品を届ける物流業界に大きな変革を迫っている。商品の増加・多様化と短時間配送への需要の高まりによって，効率的にヒト・モノ・クルマを稼働・管理することが求められるようになりつつある。配送するドライバーや仕分けする労働者の不足，決められた空間での膨大かつ様々な商品の保管，物流センターから届け先までの配送ルートの最短化は，物流業界にとって深刻な問題となっている。流通・物流を取り巻く環境の厳しさが増すなかで，これら諸問題の解決策として，ビッグデータ，データサイエンス，AI 技術への大きな期待が寄せられている。

　限られた数の労働者によって商品の入庫・運搬・仕分け・配送などの多岐にわたる仕事をこなさなくてはならないとき，労働資源を適切な仕事に割り当てることによって，無駄をなくして仕事を完了することができるようになる。適切な労働者に仕事を分担させるときに，ビッグデータや AI の**最適化計算**が活

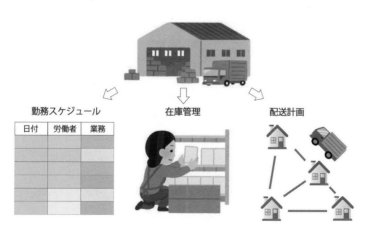

図 I.11　物流における AI の応用[17]

---

17)　図内のイラスト ⓒいらすとや http://irasutoya.com より。

用できる。労働者が有している技量および各仕事に求められる労力は多種多様であるが，これまでの業務記録のビッグデータから労働者の技量や仕事を数値化することによって，労働者の割り当て問題を定量的に処理することができるのである。

また，配達商品の小型化，配達の短期間化，再配達などのきめ細やかなサービス展開によって，配送トラック一台の積載率が低下している。少量の商品だけを積載した状態で配送すると，燃料費や人件費などの観点から費用対効果が悪化する。この劣化を補うためにも，配送ルートを最短にすることで配送費用を縮小化することが求められる。配送ルートを最適化するためには，「トラックの割り当て」「配送先を巡回する順番」「配送先間の移動経路」の3つをあわせた最適化問題を解かなくてはならない。トラック，配送順，移動経路の組合せは膨大であり，すべての組合せを調べ上げて最も良い配送計画をたてることは困難であるが，これまでの配送において培った知識や制約条件を付けることによって配送計画の解を絞ることができる。実用可能な時間で最適な計画を計算するなどの工夫を施しながら，AI は運送計画の設計に運用されている。

## 3.4 ビッグデータ・データサイエンス・AI × スポーツ

スポーツの世界でも，データ活用の期待が広がっている。これまで感覚的にとらえられていた選手の動きや勝利への貢献度，指導の良し悪しなどがデータ化されつつある。スポーツ分野で蓄積されているビッグデータとデータサイエンス・AI を通じた活用例について具体的にみてみよう。

1）野球では，古くから安打数や失点およびそれらの割合を示す打率・防御率という数値データが選手を評価する一つの指標として使用されてきたが，打球方向や配球といったより詳細なデータを記録・蓄積し，蓄積されたビッグデータに統計的解析を施して，選手の評価や作戦を検討するための分析手法 (セイバーメトリクス, sabermetrics) が提唱されている。2000 年代，米国大リーグのオークランド・アスレチックスが，資金力がないなかでも選手の統計量を重視したチーム作りに成功し，セイバーメトリクスが注目を集めるようになった。

セイバーメトリクスで提唱されている指標として，例えば **OPS** (on-base plus slugging) がある。これは打者の評価を数値化したものであり，出塁率と長打率を足し合わせた新しい指標である。図 I.12 は，ある年の日本プロ野球セントラ

ルリーグの順位，平均得点，打率，長打率，出塁率，OPS の数値を示したものである。

| 順位 | チーム | 平均得点 | 打率 | 長打率 | 出塁率 | OPS |
|---|---|---|---|---|---|---|
| 1 | 巨人 | 4.63 | .257 | .422 | .335 | .758 |
| 2 | DeNA | 4.16 | .246 | .398 | .315 | .713 |
| 3 | 阪神 | 3.76 | .251 | .362 | .319 | .681 |
| 4 | 広島 | 4.13 | .254 | .392 | .324 | .716 |
| 5 | 中日 | 3.93 | .263 | .381 | .317 | .698 |
| 6 | ヤクルト | 4.58 | .244 | .398 | .329 | .728 |

図 **I.12** 日本プロ野球の統計データ

　では，平均得点と打撃成績の相関をみてみよう。ここで "相関が高い" とは，打撃成績が上がるほど平均得点も増える傾向があるということを示している。計算してみると，平均得点と打率，長打率，出塁率の相関はそれぞれ −0.270, 0.899, 0.661 であり，打率の高さよりも，出塁することや，長打によって走者を還して得点へ結びつけることが得点を増やすことに寄与していることが示唆されている。しかも，平均得点と OPS の相関は 0.941 であり，得点と最も関係があるのは打率や長打率ではなく OPS であることがわかる。したがって，打率でなく OPS で選手を評価し，それを基準にしてチームを編成するのがよいのかもしれない[18]。

　**2）** 体操，フィギュアスケートなどの演技の良し悪しは，審判の採点によって決まる。演技が高度・複雑化するにつれて，審判が見て評価する技量も高度になることが求められるようになっている。2011 年の世界体操競技選手権や 2012 年の国際大会では誤審が発生し，抗議の結果，順位が変わることが相次いだため，「機械の目」と「機械の判断」によって，客観的かつ確実に体操演技を評価する自動採点システムへの期待が高まった。カメラやレーダー方式によって選手の身体運動を計測して動きをデジタル化し，さらに動きのデータから技を識別することによって演技のスコアを計算する AI が構築されようとしている。このような自動採点システムによって定量化された動きの良し悪しを選手にフィードバックすれば，体操演技をコーチングする機械も現れるであろう。

---

18）　相関の求め方は第 II 章 §2.1 で述べる。

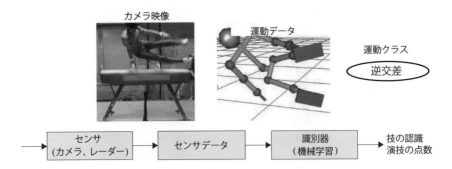

**図 I.13**　AI による体操の自動採点システム

★**練習問題 I.5.** マーケティングに関連するデータサイエンスおよび AI を選べ。

(a) SQC　　(b) A/B テスト　　(c) セイバーメトリクス　　(d) 応答局面法
(e) CV

★**練習問題 I.6.** 図 I.12 で提示した日本プロ野球の統計データにおいて，平均得点と最も関係がないものを以下の中から選べ。

(a) 打率　　(b) 長打率　　(c) 出塁率　　(d) OPS

# 4. データ・AI 利活用のための技術

## 4.1 データ分析

　様々なビッグデータの中から価値を見いだし，サービスへ展開するためには，数学や統計学に立脚した機械学習や AI の解析技術が求められる。データの山から価値を発見する過程は鉱山から金脈を発見することに例えられ，**データマイニング** (data mining) とよばれることもある。

　ビッグデータを学習して予測や分類などのタスクを遂行する機械学習は，コンピュータを訓練するためのデータ (**訓練データ**) の違いによって大きく 2 つに分けることができる。まず，訓練データに正解を与えた状態で学習させる手法が**教師あり学習** (supervised learning) である。例えば，物体識別問題では，画像とそこに映っている物体の名称 (ラベル) の組からなる訓練データが与えられ，画像データから物体の名称を出力する数理モデルを導出する。一方，訓練データ

に正解が与えられていない状態で学習させる手法が**教師なし学習** (unsupervised learning) である。例えば，正しいグループに関する情報が付与されていない大量の画像データ (訓練データ) のみを学習させることによって，各画像が似ているか否かという基準を導出し，この基準に従って画像データをグループに分ける。

　教師あり学習および教師なし学習には多種多様な方法論が提唱されている。代表的な方法のいくつかについて，以下で紹介しておこう。

## 4.2　教師あり学習

　教師あり学習の代表例として，**回帰分析** (regression analysis) がある。入力 (データ) に対する出力データの組が訓練データとして与えられている場合，訓練データの出力値が正解データに相当する。この入力と出力の関係を関数にあてはめる処理が回帰分析である。求められた関数の未知の入力データに，何らかの具体的な値を代入すると関数値として出力値を計算することができる。この操作は，未知の入力に対して出力を予測しているとみることができ，回帰分析における学習は，訓練データの入力を関数に代入して計算される予測値と正解の出力値との誤差が最小になるような関数を探索する過程を経ることになる。最適化の数学を利用すると，効率的にこの関数を探索することができる (第 IV

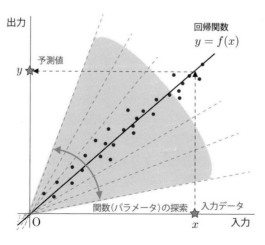

図 **I.14**　回帰分析と予測

章 §5.2 参照)。

　入力データと，その分類先 (クラス) が正解として付与されている訓練データか
ら，データを分類する装置を構築する課題は，**識別問題** (identification problem)
とよばれる。識別器を表現する数理モデルとして，クラス間の境界を関数とし
て導出する**サポートベクターマシン** (support vector machine, SVM)，入力
に対して各クラスに分類される確率を求める**単純ベイズ分類器** (naive Bayes
classifier)，分類構造を条件分岐として表現する**決定木**(decision tree)，複数の
決定木を用意し，各決定木が出力するクラスの多数決によって最終のクラスを
計算する**ランダムフォレスト** (random forest)，入力と各訓練データとの距離
を計算し，近い $k$ 個の訓練データを求め，それらに付与されているクラスの多
数決を採用する**k-近傍法** (k nearest neighbor, k-NN) などがあげられる。

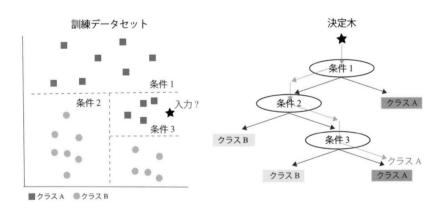

図 **I.15**　決定木による識別

## 4.3　教師なし学習

　教師なし学習の代表例として，**クラスター分析**があげられる。**クラスター**
(cluster) とは，似たものが集まっている様子を示す単語であり，異なる性質の
データが混ざり合った状態から，互いに似た性質を有するデータを寄せ集めて
クラスターを作る方法がクラスター分析である。最も似ているデータどうしを
集めながらクラスターを形成していく**凝集型クラスタリング**や，クラスター内
の分散が小さくなるようにデータを集める**ウォード** (Ward) **法**などがよく利用

される。これらは，データを少しずつ統合しながらより大きなクラスターをボトムアップ的に作成し，階層的な樹形図として可視化できることから，**階層クラスター分析**とよばれることがある (第 IV 章 §7.2 参照)。

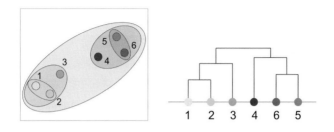

**図 I.16** 階層クラスター分析。集合間の距離を用いて階層的に分類する。

**非階層クラスター分析**では，$k$ 個のクラスターの作成と各クラスターの代表値 (例えば，クラスターに分類されるデータの平均) を計算する手続きと，各データを距離が最小となるクラスターへ分類する手続きを交互に繰り返してクラスターを定めていく **k-平均法** (k-means) が有名である。

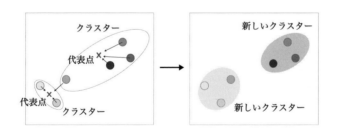

**図 I.17** 非階層クラスター分析

**強化学習** (reinforcement learning) は，エージェントとよばれる主体が状態を知覚し，環境に対して起こす行動が評価される仕組みを構築して，正解データは与えられていないが，行動やそれにともなって変化する状態に対して報酬が与えられ，一連の行動にわたって得られる報酬価値を最大化するような行動を探索する学習方法である。近年，囲碁や将棋などのゲームにおいてプロ棋士に勝利する AI (Deep Blue, AlphaGo など) が世間を驚かせているが，ここにも強化学習が採用されている。AI どうしが対局し，膨大な棋譜とそれに応じた

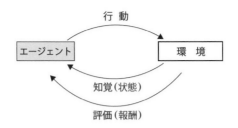

**図 I.18**　強化学習の概略図

最適な指し手を試行錯誤的に探し出す学習を行っているのである。

## 4.4　PPDAC サイクル

　AI やビッグデータを利活用して問題解決法や新しい価値・サービスを創造するときは，問題設定 (Problem)，計画 (Plan)，データの収集 (Data)，分析 (Analysis) および結論 (Conclusion) という段階に分けて，進捗を管理しながら進めていく。各段階の英語の頭文字をとって，この管理フレームワークは **PPDAC サイクル**とよばれることがある。

　「問題設定 P」の段階では，問題や目的が何かということやその問題にとって重要な情報は何かなどについて具体化しながら，課題・問題点を明確に定義する。課題が定まるとそれに向けた調査・分析を進めるための「計画 P」をする。無計画にデータを収集するのではなく，課題解決に有用なデータを定めることをこの段階で検討しておくことが必要である。「データの収集 D」の段階で

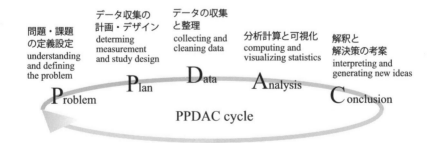

**図 I.19**　PPDAC サイクル

データを実際に集めることになる。データには，質問紙などによって収集する調査データや計測をとおして取得するような実験データ，さらに公開されている有益なデータがある。様々な経路をとおして収集したデータを表形式やデータベースとして整理しておくことで，次の「分析」作業を円滑に開始することができる。「分析 A」の段階では，データから平均・分散・相関といった統計量を計算する分析や機械学習による予測式の導出や識別器の設計を行う。「結論 C」の段階で，統計分析や機械学習の数理モデルから課題解決に向けて発見された新たな知見や解決方法をまとめる。ここまでの分析で客観的に明らかになったことや，その根拠とその先に推測されることなどを言葉として説明・伝達できるように定性的な解釈を深めることが大切である。今回の一連の研究・開発・分析で足りなかった点や新たに生じた課題などを洗い出し，再度「問題設定 P」にもどる。このサイクルを継続してまわしながら，解決策・価値・サービスなどの質や確実性を高めていくわけである。

　大阪大学で開催したスタディーグループ「救急車出動に関する問題」を例にとり，PPDAC に基づくデータ科学的アプローチをみてみよう (図 I.20, 口絵

図 I.20　消防局の配置計算 (通報位置と頻度による最適化設計)

図1)．まず，大阪市の救急車出動件数を調査して，他の政令指定都市と比較して出動件数が多いという問題がみえてきた (問題設定 P)．そこで，各救急隊の具体的な行動を表したデータとして，救急車が出動した日時や場所を記録したデータを集めることとした (計画 P)．大阪市から消防隊の出動記録データの提供を受け，消防局および出動先住所を緯度・経度に数値化する処理を施した (データ D)．消防局と出動先の距離を計算し，各消防隊が要請場所へ移動する距離が最小となるようにクラスター分析と消防局の場所を最適化する機械学習アルゴリズムを構築した (分析 A)．分析結果から消防局の最適な配置を計算し，消防局配置設計を提案した (結論 C)．最後に，分析によって得られた最適配置のいくつかは，市の中心部や商業施設の近辺であり，そこに消防局を移動させることは難しいということが判明したため，そのような場所を避けるような最適配置の必要性が新たな課題として浮かび上がってきた (問題 P)．

★**練習問題 I.7.** 以下の中から教師あり学習に分類される機械学習法を選べ．
   (a) SVM　　(b) ランダムフォレスト　　(c) ウォード法　　(d) 強化学習
   (e) 回帰分析

★**練習問題 I.8.** PPDCA サイクルの 5 つの段階をあげよ．

# 5.　ビッグデータ・AI 利活用の最新動向

## 5.1　Web のビッグデータと検索

現代社会は，どのようにデータを収集し，利活用してサービス・価値を生み出しているのであろうか．Google は，インターネット上の各ページの重要度を数値 (Google ページランク) として算出することによって，ユーザーがキーワードを入力するだけで関連する重要なページを順番に提示する検索サービスを提供している．そこでは，"重要なページから参照されているページは重要度が高い"という仮定に基づき，膨大なページや参照関係のビッグデータを処理して各ページの重要度を計算している．従来の方法は，ページをカテゴリごとに分類・整理した一覧を作成し，それをユーザーに提示していたので，一覧を作成することや必要な情報が掲載されているページへ到達するには時間や労力がかかっていたが，Google の検索サービスはそれらを効率化し，インターネットで

の情報取得の在り方を劇的に変えたのである。

　この検索サービスは無料で使用することができる。費用のことを心配する必要がないため，多くのユーザーが集まり，その検索行動に関する膨大なデータが発生することになった。この検索行動データをもとに検索サービスの性能は日々改良されている。検索行動データが発生すればするほど検索性能は向上し，検索性能が向上すれば検索サービスはユーザーにとって魅力的なものと感じられるので，ますます多くのユーザーを集客し，膨大な検索行動データを収集・蓄積・再利用できるようになるのである。

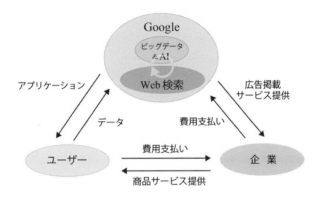

**図 I.21**　Web 検索におけるデータの収集・蓄積・再利用

　多くのユーザーが集まる検索ページは，ユーザーに商品などの情報を届けたい企業にとっても大変魅力的な場所となる。その広告料も，テレビや新聞などの大手メディアと比較して安価ということになれば，広告掲載を希望する企業はますます増える。さらに，この広告サービスを利用すると広告に関するデータが発生し，そのデータをもとに広告サービスの質を高めるように広告掲載の戦略を改良することができる。また，地図やメールなどの多様なアプリケーションをユーザーに無料で提供することによって，ユーザーの検索行動や実社会の活動に関する異なる種類のデータを集めることができる。これらデータから，個人の行動傾向・嗜好・特性などを分析することも可能になり，分析結果を広告サービスに活用することで，効率的に宣伝したい情報をユーザーに届けることもできるようになる。無料のサービスを提供し，ユーザーの行動データを収集する一方，それら貴重なデータを検索連動型広告サービスへ利活用すること

によって収益を上げているわけである。

## 5.2　購買行動データと推薦システム

　Amazon は，書籍販売を主とした EC サイトの運営から出発している。この
サイトでは，取り扱われている書籍のタイトル，概要，価格だけでなく，購入
者が評価した点数やコメントなどの情報が付与されている。ユーザーは，探し
ている書籍に関するキーワードを入れると，関連する書籍のリストが表示され，
その中から欲しい書籍をすぐにみつけて，選択するだけで簡単に購入すること
ができる。

　Amazon の EC サイトが提供する機能を代表するものとして「推薦システム」
がある。Amazon で買い物をした人であれば，「この商品を買った人はこんな商
品も買っています」という表示とともに，他の商品が掲載されるのを経験して
いるであろう。これが推薦システムであり，当初購入することを検討もしてい
なかった商品にも目がうつり，つい衝動買いをしてしまうのである。Amazon
の EC 上の売り上げの大半が推薦システムからきているといわれているが，こ
の推薦システムの背後にも，ビッグデータや AI の技術が活用されているので
ある。

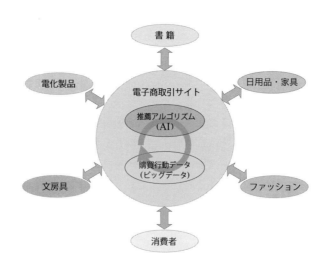

図 **I.22**　EC サイトの購買行動ビッグデータと行動解析

　推薦システムは，"顧客である A と B が似ているとすると，B が購入した書籍は A にも好まれる可能性が高い"という仮説に基づいて，A に同じ書籍を薦めるのである。店舗販売や従来の推薦システムでは，A と B が似ているかどうかは，ユーザーの性別・年齢・居住地や許容される価格帯などの属性を手がかりにして，類似度合いが推定されていた。これに対して Amazon は，各ユーザーが EC サイトを通じて書籍を購入する"行動データ"を収集・蓄積し，このビッグデータから，各ユーザーのプロフィールと書籍のプロフィールの推定と，そのプロフィールからユーザーが各書籍を嗜好する度合いを数値化する機械学習 (協調フィルタリング) によって，ユーザーにお薦めする書籍の取捨選択を行っているのである。

　Amazon という名称を初めて耳にしたとき，単なる書籍の通販サイトぐらいに認識する人が多かったかもしれない。しかし現在では，Amazon は書籍販売の行動データの収集と解析技術を活かし，書籍だけでなく文房具・電化製品・家具・ファッションなどのありとあらゆる商品を購入することができるオンラインショッピングサイトへと成長を遂げている。小売店の顧客が奪われる一方，Amazon は書店やスーパーなどを立ち上げて，実店舗への進出を積極化させている。購買行動のビッグデータと行動解析の AI 技術によって，小売業の形態や勢力図が大きく塗り替えられようとしているのである。

## 5.3　ビッグデータ・AI とビジネスモデル

　近年，シェアリングエコノミーやサブスクリプションビジネスという言葉を耳にする機会が増えている。シェアリングエコノミー (sharing economy) とは，保有する遊休資産を貸出しする仲介サービスである。貸主は，貸し出す対価として支払われるお金を収入として得ることができ，借主は所有することなく資産を利用することができるというように，両者にメリットがある。サブスクリプションビジネス (subscription business) は，製品やサービスの利用期間や量に応じて対価を支払う課金提供型のビジネスモデルである。これまでの一回売り切り型のビジネスとは異なり，ユーザーが利用する限り，継続的かつ安定的に収益が見込める。

　シェアリングエコノミーやサブスクリプションビジネスの例としては，保有する物件を宿泊施設として貸し借りできるプラットフォームを運営する Airbnb,

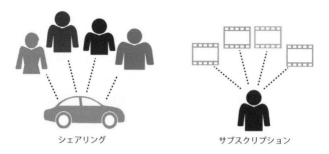

シェアリング　　　　　　　　　　サブスクリプション

**図 I.23**　シェアリングエコノミーとサブスクリプションビジネス

スマートフォンや GPS と連動しながらユーザーとドライバーをマッチングして
配車する Uber，定額料金制で映像コンテンツの配信サービスを手がける Netflix
や Hulu，常に最新の文書作成や表計算などのソフトウェアやクラウドストレー
ジが利用できる Microsoft Office 365 などがあげられる。

　これらのシェアリングエコノミーやサブスクリプションビジネスの普及にも，
ビッグデータや AI が大きく関与している。例えば Airbnb では，宿泊需要の予
測計算を介して，設定した宿泊価格で借り手がつくがどうかの指標を情報提供
している。宿泊施設の需要は，季節やイベントによって大きく変動し，それに
応じて価格も変動する。Airbnb は，これまでの宿泊契約に関するビッグデータ
から宿泊需要を推定し，借り手がみつからない状況や安すぎる価格設定が避け
られることで，貸主の収益が維持できるように支援している。

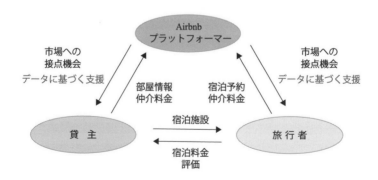

**図 I.24**　宿泊施設仲介のビジネスモデル

　サブスクリプションビジネスでは，ユーザーが継続してサービスを利用し続けることが，安定した収益確保につながる。そのためには，常にユーザーの行動データを収集し，状況分析を通じて適切なサービスや情報を提供することが必要である。例えば，解約しそうなユーザーをみつけて，適切なタイミングで接触して離反を防ぐような対策を施さなくてはならない。解約しそうかどうかの判定や，どの時期にどのような接触をもつべきかという戦略に，過去に離反したユーザーの行動や対策効果に関するビッグデータとデータ解析が力を発揮するのである (**カスタマージャーニー**という)。

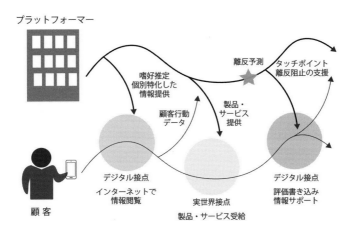

図 **I.25**　カスタマージャーニー

　このように，ビッグデータと AI は，あらたなサービスや価値を創造し，これまでの生活形態やビジネスモデルを大きく変えようとしている。上述のプラットフォーマーに代表される企業は，ビッグデータを収集し，それを利活用したサービスを生み出し，日々改良を加えながらその質を高めることで，より多くのユーザーを確保し，ますます膨大なデータを蓄積している。このことは，少数の企業によるデータの独占・寡占状態が生まれているということであり，この独占・寡占化が進むと，新しい企業がその業界に参入することは難しく，公正な企業間競争を維持することができない脅威的な状況に陥ることになる。我が国では，経済産業省，公正取引委員会，総務省などが中心となり，デジタルプラットフォーマーに関する公正かつ自由な競争の実現に向けて，サービスの

対価として自らに関連するデータを提供するユーザーとの関係での優越的地位の濫用を規制する動きや，デジタル市場における公正・自由な競争を確保するための独占禁止法の運用や制度の在り方に関する検討が進められている。

★**練習問題 I.9.** Google ページランクに利用されるデータを以下の中から選べ。

  (a) 購買データ      (b) ページリンクデータ      (c) カテゴリデータ

  (d) 宿泊需要データ

★**練習問題 I.10.** 購買推薦システムと関連の深いキーワードを以下の中から選べ。

  (a) 顧客プロフィール      (b) 商品プロフィール      (c) 宿泊需要      (d) 動画配信

# II

---

# 基　礎

本章で扱うのはデータリテラシーの基礎である。モデルカリキュラムには，学修目標として，

(1) データの特徴を読み解き，起きている現象の背景や意味合いを理解すること，

(2) データを読み解くうえでドメイン (専門) 知識や，データの発生現場を確認することが重要であることを理解すること，

(3) データの比較対象を正しく設定して数字を比べることや，適切な可視化手法を選択し，データを説明できること，

(4) 不適切に作成されたグラフや数字に騙されないこと，

(5) 文献や現象を読み解き，それらの関係を分析・考察し表現することができること，

(6) 小規模データを集計・加工できること，

といった項目が掲げられている。本章では，データを読む，説明する，扱うという3つの基本的なスキルを説明する。

## 1.　データを読む

### 1.1　データの種類

データは，**質的データ** (qualitative data) と**量的データ** (quantitative data) に大まかに分類される。

名前，種類，性別，血液型，氏名，学生番号などは質的データで，数字は使っていたとしても区別のためだけに利用する。質的データのうちで，他のものと区別・分類するために利用するものを**名義尺度**，順位，学年，満足度得点のように，1, 2, 3, ⋯ の順序に意味はあるが，その数字の間隔には意味がないもの

33

を順序尺度とよぶ。

　量的データは測定できる数値で，意味のある単位がつく。時刻，身長，体重，速度は量的データである。そのうちで，目盛が等間隔になっているものを**間隔尺度**，間隔や比率に意味があるものを**比例尺度**などとよぶ。

## 1.2　データの分布

　情報収集したい全体の集団を**母集団** (population) といい，具体的に調査してデータとして得られたものを**標本** (sample) という。母集団すべてを調査する全数調査が難しいときは，その一部を取り出して標本調査を行う。なお，標本の抽出方法については，第 I 章 §2.1 で述べたとおりである。

　データは，階級 (項目) とそれに対応する頻度 (度数) から成り立っている。階級と頻度を表示したものが**分布**である。

　**ヒストグラム** (histogram) は縦軸に度数，横軸に階級をとった統計グラフの一種で，データの分布状況を視覚的に認識するために用いられ，柱図表，度数分布図，柱状グラフともよぶ。産業界では品質管理 (Quality Control, QC) で用いられ，QC 七つ道具とよばれているものの一つである。特に，定性的なデータ分析や説明でよく使われる。ヒストグラムと棒グラフの違いは，棒の間の間

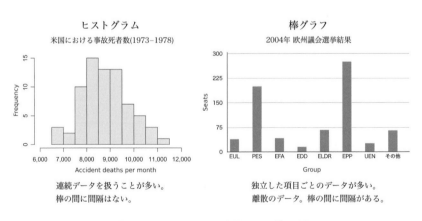

**図 II.1**　ヒストグラムと棒グラフ[1] の例

---

　1)　左図：Wikipedia より：https://ja.wikipedia.org/wiki/ヒストグラム#/media/ファイル:UsaccHistogram.svg, Creative Commons CC0 1.0 Universal Public Domain, 右図：Wikipedia より：https://ja.wikipedia.org/wiki/棒グラフ　のデータをもとに作成。

隔があるなしであるが (図 II.1)，ここでは区別を意識しないことにする。

## 1.3 代表値

データ (分布) の特徴や傾向をみるために**代表値**がよく用いられる。以下では，平均値，中央値，最頻値について説明する。例えば，値 $x_i$ が各々 $k_i$ 個ずつ $(i = 1, 2, \cdots, n)$ あるデータを考える。データの個数の合計が $N$ であるとすると，$N = k_1 + k_2 + \cdots + k_n$ である。

**1）平均値**は

$$\frac{k_1 x_1 + k_2 x_2 + \cdots + k_n x_n}{N}$$

で与えられる。この平均値は "平均" のように略称することが多い。この値は相加平均とよばれることもあり，ここでは紹介しないが，相乗平均 (幾何平均) や調和平均とよばれる別の値も定義される。

〇**例 1.1** (平均体重)．体重 50 (kg) の人が 4 人，体重 40 (kg) の人が 3 人，体重 70 (kg) の人が 2 人，体重 90 (kg) の人が 1 人いたとすると，10 人の体重の平均は

$$\frac{4 \times 50 + 3 \times 40 + 2 \times 70 + 1 \times 90}{10} = 55 \ (\text{kg})$$

である。

**2）中央値**は，データを大きさ順に並べたときの中央の値で，中位数ともよばれる。奇数 $(2n + 1)$ 個のデータの場合は，データを

$$x_{\min} = \overbrace{x_1 \leq x_2 \leq \cdots \leq x_n}^{n 個} \leq \boxed{x_{n+1}} \leq \overbrace{x_{n+2} \leq \cdots \leq x_{2n+1}}^{n 個} = x_{\max}$$

のように大きさ順に並べれば，真ん中の $x_{n+1}$ が中央値である。ここで添え字の min や max は最小 (minimum) と最大 (maximum) を表す略記号である。

偶数個 $2n$ 個のデータの場合には，「2 個の中央値の中間値」をとる。したがって，データが

$$x_{\min} = \overbrace{x_1 \leq x_2 \leq \cdots \leq \boxed{x_n}}^{n 個} \leq \overbrace{\boxed{x_{n+1}} \leq \cdots \leq x_{2n}}^{n 個} = x_{\max}$$

のように並ぶ場合には，中央値は

$$\frac{x_n + x_{n+1}}{2}$$

である。

○例 **1.2** (体重の中央値). 上の例 1.1 と同じ，体重 50 (kg) の人が 4 人，体重 40 (kg) の人が 3 人，体重 70 (kg) の人が 2 人，体重 90 (kg) の人が 1 人いたとする。10 人の体重の中央値を求めるために大きさ順に並べてみると，

$$40 \leq 40 \leq 40 \leq 50 \leq 50 \leq 50 \leq 50 \leq 70 \leq 70 \leq 90$$

になり，5 番目と 6 番目の人がともに 50 (kg) であるので，中央値は

$$\frac{50 + 50}{2} = 50 \,(\mathrm{kg})$$

となる。

**3)** **最頻値**は最も頻度の高い値のことで，ヒストグラム (棒グラフ) を描くとわかりやすい。最頻値は 1 つとは限らない。下図では，値 1 が 7 回，**値 2 が 9 回**，値 3 が 3 回，値 4 が 2 回，**値 5 が 9 回**，値 6 が 5 回測定されているので，最頻値は 2 と 5 である。

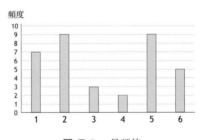

図 **II.2**　　最頻値

　以上，平均値，中央値，最頻値は，データの説明で利用されることの多い代表的な値である。ただし，同じデータを扱っていても，これらの代表値は違う値になりうる。以下の図 II.3 は平成 29 年度の所得金額階級別世帯数の相対度数分布グラフであるが，このデータをみると "平均値＝最頻値" とならないことがわかる。どの数値が代表値とされているか，注意しなければならない。

---

2)　厚生労働省 https://www.mhlw.go.jp/toukei/saikin/hw/k-tyosa/k-tyosa17/dl/ 10.pdf p.10, 図 9 のデータをもとに作成。

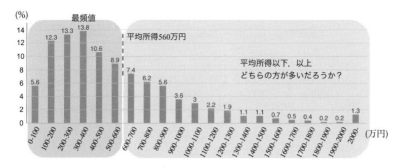

**図 II.3** 平成 29 年度の所得金額階級別世帯数の相対度数分布[2]

## 1.4 平均の計算

代表値のなかでも特によく用いられる平均は，割合 (確率) を使って計算することができる。**算術平均**や**加重平均**という言葉は，各データにその割合を掛けてから加えると考えるとわかりやすい。

●**例題 1.1** (算術平均 (arithmetic mean)). 次の表は，あるチームのメンバー7 人の身長・体重である。平均身長と平均体重を求めよ。

| 番 号 | 1 | 2 | 3 | 4 | 5 | 6 | 7 |
|---|---|---|---|---|---|---|---|
| 身長 (cm) | 176 | 165 | 173 | 173 | 178 | 172 | 168 |
| 体重 (kg) | 76 | 65 | 73 | 73 | 78 | 72 | 68 |

(答)　平均身長 _____　平均体重 _____

この平均 (算術平均) を求めるために，一人ずつ同じ割合で身長をもっていると考える。7 人各々が割合 (確率) $\frac{1}{7}$ をもっているとして加え，全体の値

$$\frac{1}{7} \times 176 + \frac{1}{7} \times 165 + \frac{1}{7} \times 173 + \frac{1}{7} \times 173 + \frac{1}{7} \times 178 + \frac{1}{7} \times 172 + \frac{1}{7} \times 168$$

を計算したものが身長の平均になる。

●**例題 1.2** (加重平均 (weighted mean)). 例題 1.1 のように，割合はいつも当分配されているわけではない。例えば，10 人にアンケートをして現在の所持金を聞いてみたとする (下表)。所持金の平均金額を求めよ。

| 人数 (人) | 1 | 2 | 3 | 3 | 1 |
|---|---|---|---|---|---|
| 所持金 (円) | 100 | 300 | 500 | 1000 | 2000 |

(答)　この場合，平均は，所持金に対する割合が異なるので，

$$\frac{1}{10} \times 100 + \frac{2}{10} \times 300 + \frac{3}{10} \times 500 + \frac{3}{10} \times 1000 + \frac{1}{10} \times 2000$$

$$= 720 \,(円)$$

である。

以上のように，データ $x_i \,(i = 1, 2, \cdots, n)$ が起こる割合 $w_i \,(i = 1, 2, \cdots, n)$ がわかれば，平均 $m$ は

$$m = w_1 x_1 + w_2 x_2 + \cdots + w_n x_n$$

で与えられる。実際，割合 $w_i$ をすべて加えると

$$w_1 + w_2 + \cdots + w_n = 1$$

である。例題 1.2 の場合，$\dfrac{1}{10} + \dfrac{2}{10} + \dfrac{3}{10} + \dfrac{3}{10} + \dfrac{1}{10} = \dfrac{10}{10} = 1$ である。

★練習問題 **II.1.** サイコロを 10 回振ったところ，次のような出目になった。出目の平均を求めよ。

| 出目 | 1 | 2 | 3 | 4 | 5 | 6 |
|---|---|---|---|---|---|---|
| 回数 | 3 | 1 | 2 | 1 | 1 | 2 |

★練習問題 **II.2.** ある宝くじで，5 等 10,000 円，6 等 3,000 円，7 等 300 円の当たりの割合は以下のとおりであった。当選金額の平均を求めよ。

| 当選金額 (円) | 10000 | 3000 | 300 | 0 |
|---|---|---|---|---|
| 割　合 | $\frac{1}{1000}$ | $\frac{1}{100}$ | $\frac{1}{10}$ | $\frac{889}{1000}$ |

## 1.5　データのばらつき

代表値はデータの特徴を説明するのに便利だが，もう少し詳しくデータの構造を説明したいときに用いられるのが**分散**，**標準偏差**，**偏差値**で，これらの指標は，データのばらつきや拡がり方を表すものである。

分散は，平均からデータがどのくらい拡がっているかを測る量の一つで，標準偏差は分散の正の平方根である。例えば，次の表で与えられるデータを考えよう。

$$(データ 1) \quad \begin{array}{c|c|c|c} データ & 1 & 2 & 3 \\ \hline 割\,合 & \frac{1}{2} & 0 & \frac{1}{2} \end{array}$$

$$(データ 2) \quad \begin{array}{c|c|c|c} データ & 1 & 2 & 3 \\ \hline 割\,合 & 0 & 1 & 0 \end{array}$$

この場合, データ 1 の平均は

$$m = \frac{1}{2} \times 1 + 0 \times 2 + \frac{1}{2} \times 3 = \mathbf{2}$$

であり, データ 2 の平均も同じ

$$m = 0 \times 1 + 1 \times 2 + 0 \times 3 = \mathbf{2}$$

であるが, それぞれのデータの集まり (集合) が平均から離れている度合が異なっている。このことを示すために, 各々のデータ $x_i\,(i = 1, 2, \cdots, n)$ から平均 $m$ を引いて 2 乗し, 割合 $w_i\,(i = 1, 2, \cdots, n)$ を掛けて和を計算する。

$$s^2 = w_1(x_1 - m)^2 + w_2(x_2 - m)^2 + \cdots + w_n(x_n - m)^2$$

この $s^2$ を**分散** (variance), 分散の正の平方根 $s$ を**標準偏差** (standard deviation) とよぶ。

●**例題 1.3** (分散, 標準偏差). データ 1 では, 平均 **2** を引いて

| データ $-$ 平均 | $1 - \mathbf{2} = -1$ | $2 - \mathbf{2} = 0$ | $3 - \mathbf{2} = 1$ |
|---|---|---|---|
| 割　合 | $\frac{1}{2}$ | $0$ | $\frac{1}{2}$ |

となり, $s^2 = \boxed{\phantom{XXXXXXXXXXXXXXXX}}$. したがって,

(答)　分散 _____　　標準偏差 _____

が得られる。

一方, データ 2 では, 平均 **2** を引くと

| データ $-$ 平均 | $1 - \mathbf{2} = -1$ | $2 - \mathbf{2} = 0$ | $3 - \mathbf{2} = 1$ |
|---|---|---|---|
| 割　合 | $0$ | $1$ | $0$ |

となり, $s^2 = \boxed{\phantom{XXXXXXXXXXXXXXXX}}$. したがって,

(答)　分散 _____　　標準偏差 _____

が得られる。分散の値が大きいほどデータが散らばっていることがわかる。

　分散の計算には，次の公式を適用すると便利である。
$$s^2 = (\text{データの 2 乗の平均}) - (\text{平均})^2 \qquad (*)$$
この式を示すには
$$w_1 + w_2 + \cdots + w_n = 1, \quad m = w_1 x_1 + w_2 x_2 + \cdots + w_n x_n$$
に注意して
$$s^2 = w_1(x_1 - m)^2 + w_2(x_2 - m)^2 + \cdots + w_n(x_n - m)^2$$
$$= w_1 x_1^2 + w_2 x_2^2 + \cdots + w_n x_n^2 - 2m \underbrace{(w_1 x_1 + w_2 x_2 + \cdots + w_n x_n)}_{=m}$$
$$+ \overbrace{(w_1 + w_2 + \cdots + w_n)}^{=1} m^2$$
$$= (\text{データの 2 乗の平均}) - 2m^2 + m^2$$
$$= (\text{データの 2 乗の平均}) - m^2$$
とすればよい。

●**例題 1.4** (分散の求め方). データ 1 の場合，データの 2 乗の表は

| データの 2 乗 | $1^2 = 1$ | $2^2 = 4$ | $3^2 = 9$ |
|---|---|---|---|
| 割 合 | $\frac{1}{2}$ | $0$ | $\frac{1}{2}$ |

となるので，
$$(\text{データの 2 乗の平均}) = \frac{1}{2} \times 1 + 0 \times 4 + \frac{1}{2} \times 9 = 5,$$
よって，
$$s^2 = (\text{データの 2 乗の平均}) - (\text{平均})^2 = 5 - \mathbf{2}^2 = 1$$
となり，分散 1，標準偏差 1 が得られる。

　以上のように，"データの 2 乗" の表までまとめて作っておいて "データの 2 乗の平均" を求めると，効率よく分散と標準偏差を求めることができる。

●**例題 1.5.** サイコロを 10 回振ったところ，次のような出目になった。分散と標準偏差を求めよ。

| 出目 | 1 | 2 | 3 | 4 | 5 | 6 |
|---|---|---|---|---|---|---|
| 回数 | 3 | 1 | 2 | 1 | 1 | 2 |

(答) 平均を求めると $\boxed{\phantom{XXXXXXXXXXXXXXXXXXX}}$ = **3.2** となる。次に,出目の 2 乗の表は

| 出目の 2 乗 | 1 | 4 | 9 | 16 | 25 | 36 |
|---|---|---|---|---|---|---|
| 回　数 | 3 | 1 | 2 | 1 | 1 | 2 |

となる。これより

$$(\text{データの 2 乗の平均}) = \frac{1 \times 3 + 4 \times 1 + 9 \times 2 + 16 \times 1 + 25 \times 1 + 36 \times 2}{10}$$
$$= 13.8,$$

よって,

$$s^2 = 13.8 - (\mathbf{3.2})^2 = 4.16$$

となり,分散 4.16,標準偏差 $\sqrt{4.16} \fallingdotseq 2.04$ が得られる。

これまでは代表値や分散などの統計的指標を手計算で求めてきたが,現実の大量データに対しては,計算機と表計算ソフトを使って処理する。

★**練習問題 II.3.** データ 2 について,上記公式 (*) を用いて分散を求めよ。

## 1.6 偏差値

**偏差値**は,平均と分散 (標準偏差) がわかっているデータがあり,そのうちの一部のデータ情報が与えられている場合に,その一部のデータがデータ全体の中でどの位置にいるか把握したいときに用いる指標である。より正確には,データの標準偏差 (スケール) を一律 10 とした場合,平均 50 からどれだけ離れているかを示す指標で,学力偏差値などがよく知られている。

式で書けば,平均 $\mu$,標準偏差 $s$ のデータがあり,手もとにあるデータの値が $x$ であるとき,

$$\text{偏差値} = 50 + \frac{x - \mu}{s} \times 10$$

で与えられる。

○例 **1.3.** ある学力試験を行ったところ，平均が 60 点，標準偏差が 5 点になった。A 君は 65 点であった。このとき A 君の偏差値は

$$50 + \frac{65 - 60}{5} \times 10 = 60$$

である。

大量のデータは，**正規分布** (normal distribution) に近い分布をしていることが多い (「正規分布に従う」という)。平均 $\mu$，分散 $\sigma^2$ の正規分布は，関数

$$f(x) = \frac{1}{\sqrt{2\pi\sigma^2}} e^{-\frac{(x-\mu)^2}{2\sigma^2}}$$

のグラフになる。

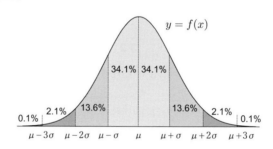

**図 II.4**　正規分布 $f(x) = \dfrac{1}{\sqrt{2\pi\sigma^2}} e^{-\frac{(x-\mu)^2}{2\sigma^2}}$ のグラフ

データが**正規分布**に従っている場合には，

(1) 偏差値 60 以上 ［あるいは 40 以下］ は，上位 ［下位］ 15.866 %

(2) 偏差値 70 以上 ［あるいは 30 以下］ は，上位 ［下位］ 2.275 %

(3) 偏差値 80 以上 ［あるいは 20 以下］ は，上位 ［下位］ 0.13499 %

(4) 偏差値 90 以上 ［あるいは 10 以下］ は，上位 ［下位］ 0.00315 %

(5) 偏差値 100 以上 ［あるいは 0 以下］ は，上位 ［下位］ 0.00002 %

が全体に対する比率になる。

正規分布については，第 IV 章 §1.2 でも述べる。

★練習問題 **II.4.** 次の各々のデータに対して平均と分散を求めよ。

(1) 中性子はベータ崩壊して陽子と電子になる。5 個の中性子の崩壊時間を観察すると，887 秒，1024 秒，624 秒，910 秒，712 秒であった。

(2) 以下は，日経平均の始値を日を追って並べたものである。

| 日 付 | 4/2 | 4/3 | 4/4 | 4/5 | 4/6 |
|---|---|---|---|---|---|
| 始値 (円) | 21441 | 21115 | 21415 | 21541 | 21633 |

(3) 以下は，ある英和辞典で最もよく使われている単語 Top 6 である。

| 英 単 語 | the | be | of | and | to | a |
|---|---|---|---|---|---|---|
| 使用回数 | 1207471 | 928529 | 607082 | 597774 | 534442 | 492569 |

(4) 以下は，ある病気の患者の年齢である。

| 患 者 | a | b | c | d | e | f | g | h |
|---|---|---|---|---|---|---|---|---|
| 年齢 (歳) | 28 | 30 | 30 | 43 | 46 | 49 | 51 | 52 |

## 1.7  データの関係性

　これまでは 1 つの項目に関するデータの統計量 (平均，分散など) をみてきたが，実験やアンケートでは，複数の項目にわたるデータが計測・収集されている。項目間でどのような関係性があるかをみつけだすことが，データから価値を見いだすことにつながる。**共分散**と**相関** (係数) は，一方の項目の数値が大きくなると別項目の数値も大きくなるのか，それとも小さくなるのかという傾向を把握するときに利用される。

○例 1.4. 7 人の学生に算数，理科，国語の試験を実施したところ，次のような点数になった。

| 学生番号 | 1 | 2 | 3 | 4 | 5 | 6 | 7 |
|---|---|---|---|---|---|---|---|
| 算数 (点) | 90 | 95 | 60 | 55 | 100 | 70 | 90 |
| 理科 (点) | 95 | 85 | 55 | 45 | 90 | 75 | 80 |
| 国語 (点) | 65 | 60 | 90 | 95 | 70 | 75 | 70 |

　横軸に算数の点数，縦軸に理科の点数をとり，各学生の成績をプロットすると図 II.5 の左の散布図が得られる。同様に，横軸に算数の点数，縦軸に国語の点数をとり，各学生の成績をプロットすると右図となる。

　算数と理科の散布図において，全体的に右肩上がりに点数データが配置されている。これは算数の点数が高い学生は理科の点数も高い傾向があることを示している。特に右肩上がりの直線付近にデータが配置される場合，この 2 つの項目間には**正の相関**があるという。一方，算数と国語の散布図を見ると，全体的に右肩下がりに点数データが配置されており，算数の点数が高い学生は国語

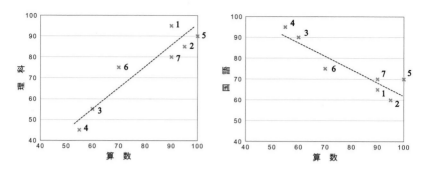

図 **II.5**　算数と理科，および算数と国語の点数間の関係

の点数が低い傾向があることを示している。右肩下がりの直線付近にデータが配置される場合，この 2 つの項目間には**負の相関**があるという。

2 つの項目 $x, y$ 間の相関関係を定量的に示す指標として**共分散** $s_{xy}$ がある。この指標は各項目における**偏差** (平均との差) の積の平均として計算される。すなわち，2 項目のデータ

$$(x, y) = (x_1, y_1), (x_2, y_2), \cdots, (x_n, y_n)$$

に対して，各項目ごとの平均を $m_x, m_y$ として

$$s_{xy} = \frac{(x_1 - m_x)(y_1 - m_y) + \cdots + (x_n - m_x)(y_n - m_y)}{n}$$

と定める。このとき，

(1) 共分散 $s_{xy}$ が正で大きいならば，一方の項目が大きくなると他方の項目も大きくなる傾向がある。

(2) 共分散 $s_{xy}$ がゼロに近いならば，2 つの項目間にあまり関係がない。

(3) 共分散が $s_{xy}$ が負で小さいならば，一方の項目が大きくなると他方の項目は小さくなる傾向がある。

例 1.4 において，算数，理科，国語の平均は **80** 点，**75** 点，75 点であり，算数と理科の共分散は

| 学生番号 | 1 | 2 | 3 | 4 | 5 | 6 | 7 |
|---|---|---|---|---|---|---|---|
| 算数の偏差 | $90 - 80 = 10$ | 15 | $-20$ | $-25$ | 20 | $-10$ | 10 |
| 理科の偏差 | $95 - 75 = 20$ | 10 | $-20$ | $-30$ | 15 | 0 | 5 |
| 偏差の積 | $10 \times 20 = 200$ | 150 | 400 | 750 | 300 | 0 | 50 |

より

$$s_{算数, 理科} = \frac{200 + 150 + 400 + 750 + 300 + 0 + 50}{7}$$

$$= 264.286,$$

また，算数と国語の共分散は

| 学生番号 | 1 | 2 | 3 | 4 | 5 | 6 | 7 |
|---|---|---|---|---|---|---|---|
| 算数の偏差 | $90 - 80 = 10$ | 15 | $-20$ | $-25$ | 20 | $-10$ | 10 |
| 国語の偏差 | $65 - 75 = -10$ | $-15$ | 15 | 20 | $-5$ | 0 | $-5$ |
| 偏差の積 | $10 \times (-10) = -100$ | $-225$ | $-300$ | $-500$ | $-100$ | 0 | $-50$ |

より

$$s_{算数, 国語} = \frac{-100 - 225 - 300 - 500 - 100 + 0 - 50}{7}$$

$$= -182.143$$

と求められる。「算数の点数が高いと理科の点数も高い」傾向は大きい共分散として，「算数の点数が高いと国語の点数が低い」傾向は小さい共分散として数値化されている。

　ここで例えば，この算数，理科，国語の試験の満点を 1000 点満点で実施した場合，共分散はどうなるであろうか。算数，理科，国語の点数は

| 学生番号 | 1 | 2 | 3 | 4 | 5 | 6 | 7 |
|---|---|---|---|---|---|---|---|
| 算数 (点数) | 900 | 950 | 600 | 550 | 1000 | 700 | 900 |
| 理科 (点数) | 950 | 850 | 550 | 450 | 900 | 750 | 800 |
| 国語 (点数) | 650 | 600 | 900 | 950 | 700 | 750 | 700 |

に換算され，平均値は 800 点，750 点，750 点となる。算数と理科の共分散は

| 学生番号 | 1 | 2 | 3 | 4 | 5 | 6 | 7 |
|---|---|---|---|---|---|---|---|
| 算数の偏差 | 100 | 150 | $-200$ | $-250$ | 200 | $-100$ | 100 |
| 理科の偏差 | 200 | 100 | $-200$ | $-300$ | 150 | 0 | 50 |
| 偏差の積 | 20000 | 15000 | 40000 | 75000 | 30000 | 0 | 5000 |

より

$$s_{算数, 理科} = \frac{20000 + 15000 + 40000 + 75000 + 30000 + 0 + 5000}{7}$$

$$= 26428.6,$$

また，算数と国語の共分散は

| 学生番号 | 1 | 2 | 3 | 4 | 5 | 6 | 7 |
|---|---|---|---|---|---|---|---|
| 算数の偏差 | 100 | 150 | $-200$ | $-250$ | 200 | $-100$ | 100 |
| 国語の偏差 | $-100$ | $-150$ | 150 | 200 | $-50$ | 0 | $-50$ |
| 偏差の積 | $-10000$ | $-22500$ | $-30000$ | $-50000$ | $-10000$ | 0 | $-5000$ |

より

$$s_{算数, 国語} = \frac{-10000 - 22500 - 30000 - 50000 - 10000 + 0 - 5000}{7}$$

$$= -18214.3$$

となる。1000 点満点に変更するだけで，共分散の数値は 100 倍に拡大されていることがわかる。

　このように共分散の数値は，値が正か負かということや，他の共分散の数値と比較して相対的に相関が強いか弱いかを判定することはできるが，<u>共分散の数値だけでは，絶対的に相関が強い，または弱いを判定することはできない</u>。そこで，共分散を各項目データの標準偏差で割った数値を考える。

$$r = \frac{s_{xy}}{s_x s_y}$$

ここで，$s_x$ および $s_y$ は項目 $x, y$ の標準偏差であり，この $r$ を **相関** (係数) とよぶ。

　では，例 1.4 において，算数，理科，国語 (100 点満点の場合) の標準偏差は，それぞれ

$$s_{算数} = \sqrt{\frac{90^2 + 95^2 + 60^2 + 55^2 + 100^2 + 70^2 + 90^2}{7} - \mathbf{80}^2} = 16.69,$$

$$s_{理科} = \boxed{\phantom{xxxxxxxxxxxxxxxxxxxxxxxxxxxxxxxxxxxxx}} = 17.11,$$

$$s_{国語} = \boxed{\phantom{xxxxxxxxxxxxxxxxxxxxxxxxxxxxxxxxxxxxx}} = 11.95$$

であるから，算数と理科の相関係数は

$$r = \frac{264.286}{16.69 \times 17.11} = 0.925$$

であり，(強い) 正の相関があることがわかる。一方，算数と国語の相関係数は

$$r = \frac{-182.143}{16.69 \times 11.95} = -0.913$$

となり，(強い) 負の相関があることがわかる。

　ここで共分散 $s_{xy}$ の単位は (点数)$^2$ であり，標準偏差 $s_x, s_y$ の単位は (点数) であるので，相関係数の単位はなし (**無次元**) である。また，相関係数の範囲は

$$-1 \leq r \leq 1$$

であり，他の相関係数と比較して相対化することなく，絶対的に相関係数と相関の強弱について，以下のような目安をたてることができる。

(1) $0.7 < r \leq 1$ ならば，「強い正の相関がある」

(2) $0.4 < r \leq 0.7$ ならば，「やや正の相関がある」

(3) $0.2 < r \leq 0.4$ ならば，「弱い正の相関がある」

(4) $-0.2 \leq r \leq 0.2$ ならば，「相関がない」

(5) $-0.4 \leq r < -0.2$ ならば，「弱い負の相関がある」

(6) $-0.7 \leq r < -0.4$ ならば，「やや負の相関がある」

(7) $-1 \leq r < -0.7$ ならば，「強い負の相関がある」

　見かけ上の相関があっても因果関係をもたない場合には，別の要因が介在することによる**擬似相関**が起きていることも多い。

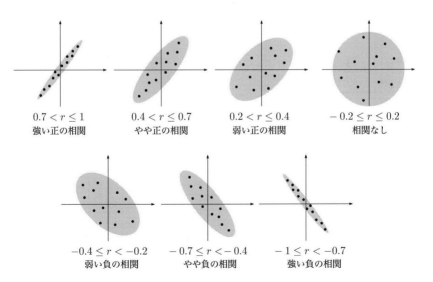

図 **II.6**　散布図と相関係数の関係

## 1.8　誤差の扱い

　大量データの各々の値は，分散や偏差に応じた平均からの 2 乗誤差であると考えることができる。

　次の例題でそのことをみてみよう。

●例題 1.6. A, B, C, D, E のテストの得点が以下のようになった。平均と分散，および標準偏差を求めよ。

| 名　前 | A | B | C | D | E |
|---|---|---|---|---|---|
| 得点 (点) | 90 | 80 | 40 | 60 | 90 |

　(答)　平均は

$$\frac{90 + 80 + 40 + 60 + 90}{5} = \mathbf{72}\ (点),$$

分散は「(値 − 平均) の 2 乗の平均」で計算すると

$$\frac{(90 - \mathbf{72})^2 + (80 - \mathbf{72})^2 + (40 - \mathbf{72})^2 + (60 - \mathbf{72})^2 + (90 - \mathbf{72})^2}{5}$$

$$= 376\ (点)^2,$$

「 (データの 2 乗の平均) から (平均の 2 乗) を引く」で計算すると

$$\frac{90^2 + 80^2 + 40^2 + 60^2 + 90^2}{5} - \mathbf{72}^2 = 376\ (点)^2.$$

いずれにしても，平均 ☐ (点)，分散 ☐ (点)$^2$，標準偏差 ☐ (点) と求められる。

　上の例題のように，平均と分散は単位が違っていて，平均の単位は (点) で分散の単位は (点)$^2$ になる。平方根 (ルート) を計算することで標準偏差の単位が (点) になり，同じ単位どうしであると足し算や引き算ができるようになる。このように，単位を基準に考えて，計算の整合性や推測をすることを**次元解析** (dimension analysis) とよぶ。

○例 1.5. 次の図 II.7 は横軸が値，縦軸が回数を表すデータであり，標準偏差 (データのばらつき具合) が小さい順番にデータ A, B, C になっている。

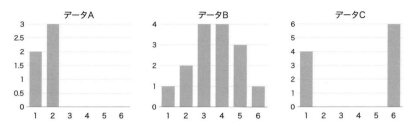

図 **II.**7　標準偏差 (データのばらつき)

○**例 1.6.** 正規分布の図 II.4 において，$\mu$ は平均，$\sigma$ は標準偏差を表している。正規分布では，約 95 ％の値が $\mu - 1.96\sigma$ と $\mu + 1.96\sigma$ の間に含まれる。

　身長や体重の分布，成績の分布など，正規分布に従うデータは多いが，標本数の増加とともに標本平均の分布は正規分布に近づく。これが第 IV 章 §1.2 で述べる**中心極限定理**であり，このことから，大量データに対しては正規分布していることを想定することが多い。大量データでは分散 (標準偏差) に応じて平均からの誤差が発生し，全体として差が正規分布していると考えるのである。

## 2. データを説明する

### 2.1 データ表現

　IT 化が進み，膨大なデータを処理する必要に迫られている。目的に応じてデータを説明する必要もある。しかし，量的データがあっても全体の様相を数字のままで理解できる人は多くない。データが大量になるほど理解は困難になり，適切な図表やグラフでの表現が必要になる。**棒グラフ**，**円グラフ**，**折れ線グラフ**，**散布図**などがよく用いられている。

○**例 2.1.** 1 月から 12 月までの店 A, B の純利益のデータが

| 月 | 1 | 2 | 3 | 4 | 5 | 6 | 7 | 8 | 9 | 10 | 11 | 12 |
|---|---|---|---|---|---|---|---|---|---|---|---|---|
| A (万円) | 53 | 75 | 34 | 49 | 87 | 32 | 68 | 82 | 54 | 62 | 43 | 52 |
| B (万円) | 31 | 54 | 32 | 75 | 34 | 56 | 33 | 87 | 34 | 64 | 65 | 54 |

であるとする。図 II.8, II.9, II.10, II.11 は，同じデータを Excel で棒グラフ，円 (ドーナツ) グラフ，折れ線グラフ，散布図に描いたものである。

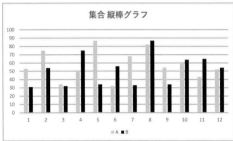

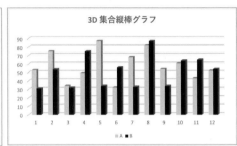

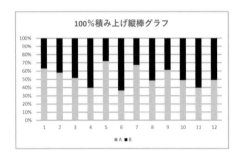

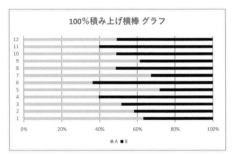

図 **II.8**　　様々な棒グラフ表示

図 **II.9**　　円 (ドーナツ) グラフ表示 (外側が A, 内側が B)

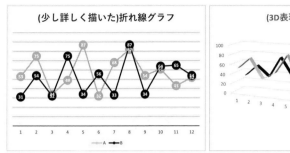
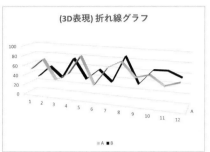

図 **II.10** 折れ線グラフ表示

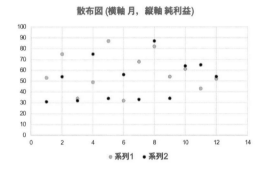
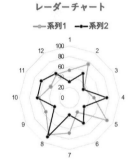

図 **II.11** 散布図表示

○**例 2.2.** ヒートマップは複雑なデータの表現に使われる (図 II.12, 口絵図 2)。サイズの大きな行列のように, 高次元のデータに対して, 値が大きいところを熱い色として赤を強く, 値の小さいところは冷たい色として青っぽく描く。各地の温度分布などの気象データ (口絵図 3 も参照) や, Web マーケティング, 株式データ, 地図, 遺伝子発現など, 幅広く用いられている。また, アルゴリズムの記述では, チャートやフローとよばれる図表表現が用いられる。

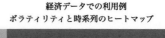

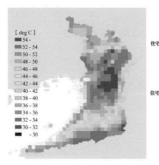
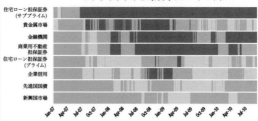

図 **Ⅱ.12** ヒートマップの例[3]

データやアルゴリズムを図示してより良いグラフやチャートを作るために，注意を払うべき事項や工夫としては次がある。

(1) 何が目的なのか明確にする (売上向上，研究成果の説明，健康診断等)。

(2) 不要な情報や，必要のない数字は消す。

(3) 項目が多い場合には，縦棒グラフの代わりに横棒グラフにしたり，他の形のグラフも勘案する。

(4) 項目が多いときは順番をそろえておくと見やすい。

(5) 円グラフやドーナツグラフでは，グラフ内に％を記載したほうがわかりやすい場合がある。

その他の工夫として以下をあげておく。

(1) 単位や桁数は記載したほうがよい。

(2) 桁数が大きい場合は千円単位や百万単位などとすると見やすい。

(3) 飾りや立体的な表現は，しないほうがよいことが多い。

(4) 図表を作ったうえで実際に見てから採用や修正を判断する。

いずれにせよ，データにあった適切なグラフ表現を選んで使用することが大切である。

---

3) 左：山本雄平・石川裕彦「夏季晴天日における大阪の地表面温度特性」，日本気象学会関西支部例会 2017 年度第 2 回例会講演要旨集，p.11，図 1 (日最高表面温度) を転載。
　右：Global Financial Stability Report, Sovereigns, Funding, and Systemic Liquidity, Oct. 2010 (International Monetary Fund), p.3, Figure 1.3 より引用。

## 2.2 不適切なグラフ表現

　チャートやグラフについては学術研究や社会活動で利活用する機会が多いが，ここでは不適切と思われるグラフを紹介する[4]。

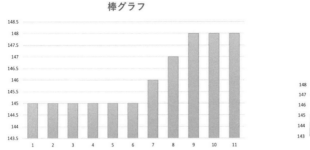

図 **II.13**　不適切なグラフの例

　図 II.13 の左側の図では，棒が 143.5 という途中の数値からはじまっている。これでは，項目間の小さな差異が極端に大きく表示されてしまう。また，右図では 3D も使って表現したため，値にほとんど変化がなくても手前だけ大きく見えてしまう。"嘘グラフ" を検索すると，棒グラフ以外にもたくさんの例をみつけることができる。

　不適切な図はチャートジャンクと混同されることもあるが，良いグラフを描くためには，正しい情報をわかりやすくかつ人目を引く必要があるので，チャートジャンクが不適切かどうかの判断は難しく，単純に不適切とはいいきれな

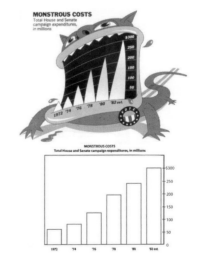

図 **II.14**　チャートジャンク[5]の例

---

　4)　「統計でウソをつく法—数式を使わない統計学入門」(ブルーバックス)，ダレル・ハフ著／高木秀玄訳 (講談社，1968) 他を参照。

　5)　CHI'10: CHI Conference on Human Factors in Computing Systems, 2573–2582 (2010), S. Bateman *et al.*, Figure 1 より引用。

い。図 II.14 についても賛否両論ある。上ではモンスターの口に図があり，同じデータを描いた下の棒グラフと比較するとよく目立つ。多くの人はわかりやすい図として上図を選ぶことが多いようで，この手法は Web ページのデザインで利用されている。

## 2.3　優れた可視化事例

　データ量の飛躍的な増加にともなって，その可視化に注目が集まっている。人は数値データを覚えることが苦手なので，可視化は直感的にデータが示す意味を理解させるための簡便な手法である。データ可視化のメリットをいくつか確認しておく。

- (1) 現状を把握し，課題やその原因を発見することで迅速な対応が可能になる。
- (2) 関係者がデータを簡単に共有することが可能になり，業務 (仕事や作業) の効率が上がる。
- (3) 様々なデータを統合することで，予測分析やトレンドの洞察が得られる。

　データを可視化する際には，
　「対象が誰か」
　「対象が何が知りたいのか」
を明確にしなければならない。シンプルにして表示する場合でも対象にあわせて適切な方法を用いる必要がある。対象が専門家である場合，高度な知識と専門用語でデータを解釈する一方，一般に対しては理解しやすい形でデータを示すことになる。関心を惹きつけることも重要である。対象が知りたいポイントを明確にしないと，データ可視化の目的がかなわない。いくつかの優れた事例を掲載しておく。

○例 **2.3.** 図 II.15 (口絵図 4) は，農林水産省が 2017 年 3 月に世界の米需給の現状を 100 ％積み上げ横棒グラフでまとめたもので，どこの国が最も米を生産しているかが一目瞭然である。米の輸出量も目視ですぐにわかる。このようなデータは，数字だけ羅列されたデータよりもグラフで見ればわかりやすい。

---

6)　https://www.maff.go.jp/j/council/seisaku/syokuryo/170331/attach/pdf/index-21.pdf より引用。

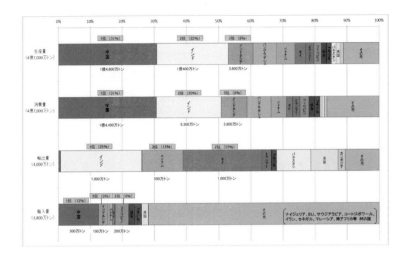

図 **II.15**　世界の米需給[6)]

○例 **2.4.** 人の活動は熱に例えて，ヒートマップにすると見やすい (図 II.16, 口絵図 5)。このようなデータは数字が膨大に並んでいても，全体像を把握することは困難である。

図 **II.16**　人の活動をヒートマップでとらえる[7)]

7) IST PLAZA 年報 Web 版 第 12 号 平成 29 年 https://www.ist.osaka-u.ac.jp/japanese/dept/istplaza/H29/topics/020/index.html 山口 弘純，図 1 を引用。

## 2.4　データの比較

　実験科学では，同じ条件のもとで複数回実験してデータの再現性を確認する**再現実験**や，条件を変えて実験し，それぞれの条件に対する反応の鋭敏度を調べる**対照実験** (コントロール実験) が行われる。他の条件をそろえることが難しいことも多いが，一つだけ条件を変えて実験 (測定) することで，変えた条件が結果に与える効果を見定めることができるのである。

○**例 2.5.** 新たに開発した薬剤 (新薬) の効果を見定めるために，偽薬 (プラセボ) を与えるグループと新薬を与えるグループに分けて実験する。2 種類のデータを比較すると新薬の効果が明確になる。一般に，結果に効果を表さないグループを**陰性対照**とよぶ。この例では，偽薬が陰性対照になる。逆に，結果に効果が現れるグループを**陽性対照**とよび，新薬が陽性対照になることが期待されている。なお，臨床試験では，可能な限り薬以外の条件を同じにして客観的で普遍性のある評価を行うために，**二重盲検法**とよばれる方法が用いられている。

　何かの処理を行ったときに，その処理に効果があるかないかの判定をすることがある。例えば，ある患者の病気の治療において，その治療が有効であるかどうかをデータ (検査結果) をみて判断することがある。検査結果を時系列データとみて，時系列の分析とみてもよい。また，経営戦略の変更や社会情勢の変化があった場合，その影響のあるなしを時系列データで分析している。

　ここでは，Web マーケティングでよく利用される **A/B テスト**を紹介する。処理の前後に限らず，一般に 2 つのものを比較検討する方法で，統計学では第 IV 章 §1.3 で詳しく述べる**検定**とよばれる手法に分類されている。

○**例 2.6.** A と B の 2 つの HP サイトを作り，どちらがアクセスが多いか判定する。結果は

　(1) A のサイトへのアクセス数が 2 回，B のサイトへのアクセス数が 3 回

　(2) A のサイトへのアクセス数が 2 万回，B のサイトへのアクセス数が 3 万回

の 2 種類であったとする。どちらの場合でも，"**B のサイトのほうがアクセス数が多い**"と判断してよいだろうか。一見，どちらでも B のほうが良さそうであるが，最初の (1) はデータ数が少なすぎて，もしかしたら，ほかの人は A のほうを選ぶかもしれない。あくまで感覚だが，ある程度のデータ数がないと信憑性がなさそうである。

統計学 (データサイエンス) を用いれば，上記の判断に理論的根拠を与えることができる[8]。ここでは理論を述べる代わりに，その方法を紹介する。

○例 2.7 (A/B テスト). (A を選んだ人数) と (B を選んだ人数) の平均を $\mu$ とする。

$$\mu = \frac{(\text{A を選んだ人数}) + (\text{B を選んだ人数})}{2}$$

このとき

$$\frac{((\text{A を選んだ人数}) - \mu)^2}{\mu} + \frac{((\text{B を選んだ人数}) - \mu)^2}{\mu} > 3.84$$

ならば，A/B テストには**有意**な差がある。大まかにいうと，偶然このデータが得られる確率は 5 % 未満である。したがって，この A/B テストの選択は 95 % 以上の信頼性があると判断できる。

上記の例では，$\chi^2$ **検定**とよばれる手法が適用されている。信頼係数 95 % とすると "3.84" という数字が $\chi^2$ **分布**の数表で決まる。例 2.6 (1) の場合には

$$\mu = \frac{2+3}{2} = \mathbf{2.5}$$

であるから，

$$\frac{((\text{A を選んだ人数}) - \mu)^2}{\mu} + \frac{((\text{B を選んだ人数}) - \mu)^2}{\mu}$$

$$= \frac{(2 - \mathbf{2.5})^2}{\mathbf{2.5}} + \frac{(3 - \mathbf{2.5})^2}{\mathbf{2.5}} = 0.2 < 3.84$$

となり，「A/B テストには有意な差がある」とはいいきれない。

次に (2) の場合，

$$\mu = \frac{20000 + 30000}{2} = \mathbf{25000}$$

であるから，

$$\frac{((\text{A を選んだ人数}) - \mu)^2}{\mu} + \frac{((\text{B を選んだ人数}) - \mu)^2}{\mu}$$

$$= \frac{(20000 - \mathbf{25000})^2}{\mathbf{25000}} + \frac{(30000 - \mathbf{25000})^2}{\mathbf{25000}}$$

$$= 2000 > 3.84$$

---

8)　「統計学が最強の学問である」西内 啓著 (ダイヤモンド社，2013) 他参照。

となり，「A/B テストには有意な差がある」といってよい。したがって，サンプル数が十分にあれば，B サイトのほうがアクセス数が多いと判断できる。

この方法によって，A, B の 2 つみならず，3 つ，4 つなど多数のうちでどれが良いかの判断も可能である。A/B テストを利用して大きな成果をもたらした例として，米国 オバマ元大統領の Web サイトがある。より多くの支援者を獲得するため，A/B テストによって継続的なサイト改善を続けた結果，6,000 万US ドルともいわれる資金を得たとされている。

図 **II.17** サイトの改善例 (A/B テストにより左から右へ改善がはかられた)[9]

以上で述べたように，A と B どちらを選ぶかの判断にあったって十分なデータ量がそろっているかどうかは，統計学を用いた理論的根拠で裏づけできる。ここでは Web サイトの例を述べたが，Google Optimize[10]はじめ，Web 作成については無料のツールがあり，A/B テストもたくさんのソフトウェアがあるので，利用するだけなら敷居は高くない。

---

9) https://blog.optimizely.com/2010/11/29/how-obama-raised-60-million-by-running-a-simple-experiment/ より引用。

10) https://optimize.google.com/optimize/home

# III

---

# 心　　得

データを取得し，分析し，モデルを作って予測することを "データ駆動型モデリング" という。データ駆動型モデリングは，社会の隅々まで急速に浸透している。そこには，どのようなリスクがあるのだろうか。データ駆動型社会のリスクを自分事として考えるのが本章の目的である。平成 30 年 6 月に経済産業省が「AI・データの利用に関する契約ガイドライン」(報告書)[1] をまとめるなど，データ・AI を扱ううえで配慮すべき点や倫理的課題が現実味を帯びている。データを取り巻く国際的な動き，データ・AI を利活用する際に求められるモラルや倫理，データ駆動型社会におけるリスク，個人のデータを守るために留意すべき事項について，上記報告書の分類に従って，データと AI を分けたうえで説明してみたい。

## 1. データ・AI を扱ううえでの留意事項

### 1.1 データの取り扱い

　**IT** (Information Technology, 情報技術) の発展にともない，データ量は爆発的に増加している。**オープンイノベーション** (Open Innovation, OI) は，企業でいえば，自社だけでなく他社，大学，地方自治体，社会起業家など異業種・異分野がもつ技術やアイデア，サービス，ノウハウ，データ，知識などを組み合わせ，革新的なビジネスや研究成果をもたらす概念である。データのなかには，他のデータとあわせることで付加価値が生じるものもあり，とりわけ業種を越えた複数のデータの組合せがデータの付加価値を高め，研究開発，事業など様々な業種における競争力を強化して，オープンイノベーションをもたらすものと期待されている。

---

1)　https://www.meti.go.jp/press/2019/12/20191209001/20191209001.html

　一方で，データの流通と利活用には一定のリスクがある。データは容易に複製することができ，適切な管理体制がなければ，不正アクセスにより外部に流出する。そのデータに自社の営業秘密・ノウハウ等が含まれている場合，産業上の競争力が減殺されるだけでなく，データに個人情報が含まれる場合にはプライバシー等の個人の権利も侵害することになる。

## 1.2　AI とのかかわり

　ここでは AI を，学習・推論・認識・判断などの能力をもったシステムと考えておく。通常のコンピュータは与えられたプログラムどおり動作しているにすぎないが，AI を備えたコンピュータは，データとして蓄積されたパターンをもとに，相手や状況に応じた適切で柔軟な対応を選択する。

　1997 年 5 月，IBM のスーパーコンピュータ Deep Blue が当時チェス世界チャンピオンのガルリ・カスパロフに歴史的な勝利をおさめた。以前から，オセロなどの先読みしやすいゲームでは人間よりコンピュータのほうが圧倒的に強いことが知られていたが，この出来事はコンピュータにできる限り多くの定跡を覚えさせ，局面に応じてパターンを先読みさせることによって最善に近い手を指せたためだと考えられた。ただしこの時点では，人間の知能と AI には大きな違いがあり，人間は「前回の対戦ではこうして負けたのだから，次回は新しいアプローチをしよう」と経験から学習することができるのに対して，コンピュータの場合には，対戦にあわせて新しいプログラムを導入する必要があった。

　現在では，**深層学習**とよばれる方法が発展し，ある特定の状況下に制限された問題であれば，自ら解決し柔軟に対応する能力を備えたコンピュータが実現されるようになった。しかし，AI は自由でオープンな状況になるほど開発や研究が難しくなり，想定されない状況が頻繁に起こるほど対応することが困難になる。例えば，自動運転のほうがボードゲーム攻略よりも難しい。その一方で，自ら学習するコンピュータの研究が続けられ，人間と同レベルもしくは同レベル以上の学習能力をもつコンピュータが模索されている状況である。

　集積回路の密度の高まりによるコンピュータの性能の向上だけでなく，量子コンピュータなどの技術の発展により，コンピュータの劇的な性能向上が期待され，2045 年には AI が人間の知能を超える「技術的特異点 (シンギュラリティ)」

をむかえる可能性すらあるのではないかともいわれている[2]。この「2045 年問題」は，2045 年に AI が人間の知能を超えるという予測である。インテルの創設者の一人 G.E. ムーアが 1965 年に提唱したとされる，集積回路の集積密度は 2 年で 2 倍になるという法則 (ムーアの法則) をもとに提唱されたものである。以前ならば SF (Science Fiction) で扱われていたような事柄であるが，AI が人間の知能を超え，我々の生活やビジネスに影響を与えることも懸念されるようになってきた。

　状況を判断できる自律的なシステムが利用できるようになると，さらに別の問題も生じてくる。例えば，特に自動車やロボットに AI が組み込まれたとして，AI を組み込んだハードウェアが現実世界で自律的に行動することで事故を起こしたときの責任の所在などの問題である。

## 1.3　ビッグデータと AI の複合的な状況における課題

　データと AI は融合して利用されており，データと AI の適用範囲が明確に区別されないことも多い。

　例えば，あるコンビニエンスストアで「ジュースを買った人はお菓子も買う」というタイプの客が多く訪れるとしよう。注意深い店員ならば，ジュースとお菓子が同時に購入されることに気づき，「ジュースの傍らにお菓子を置こう」と考えることもあるだろう。一方で店の商品数が増えた場合，人間の力だけで同時に購入されやすい組合せをみつけだすことは可能だろうか。商品の数が少ないうちは人間が売れ行きを確認することは容易だが，品数が数十万点，数百万件になるとその把握は不可能である。このような場合には，コンピュータにデータとして記録されている商品購入の履歴を AI を活用して分析し，組み合わせて購入されることの多い商品や販売が増える時期，時間帯，購買層などを割り出すことが必要になる。その他の例としては，職人芸ともよばれたような技術 (例えば，医療診断，溶接など) について，データと AI を組み合わせた技術が幅広く利用されはじめていることがあげられる。

　少子高齢化社会を支えるための技術革新が，人間の職場を奪うことにはならないだろうか。

---

2)　https://ledge.ai/2045-problem/　　R. カーツワイルが著書「The Singularity Is Near : When Humans Transcend Biology」(2005, Viking Adult) で提唱。

　このように，AI が人間の頭脳では処理できない膨大な量のデータである「ビッグデータ」を取り扱うことで，社会経済に大きな変革がもたらされるかもしれない。同時に，多くの倫理的，社会的問題を引き起こす可能性があるが，行動規範となる絶対の判断基準が確立していないのが現況である。

　以上述べたように，データ・AI の活用には多くのメリットがあると同時に，多くの問題も発生する。形而上学的なテクノロジーの問題が現実に直結し，日常生活における重要性を増すにつれて，IT 業界や研究者も新たな時代に入っている。計算機工学の学位をとるために，哲学，倫理学や法学などの幅広い知識が必要になる時代もくるかもしれない。また，新技術がもたらすのは期待だけではなく，そのシステムやサービスが人に与える影響に対する「恐怖」もはらんでいる。クラウドコンピューティングやソーシャルメディアといった重要な分野では，規制当局と，イノベーションを生み出す IT 企業やそれを活用しようとする企業とのあいだで，技術革新が競争になっている。

## 2.　データの取り扱い

### 2.1　データの利活用

　ビッグデータを利活用することで，どのような課題が解決できるのであろうか。この課題をみつける作業は，個々の人や団体における価値と行動基準による[3]。具体的に何を知りたいのか，それを知って何をしたいのか，そのためにはどんなデータ (指標) が必要なのかをみつけていくことになる。

○例 **2.1.** 患者の健康状態を調べたり (目的)，病気があれば改善したい (問題)とする。必要なデータは，例えば，血液検査，血圧測定などの数値，レントゲン撮影による画像である。

○例 **2.2.** 外食に行って (目的)，美味しい物を食べたい (問題)。必要なデータは，例えばレストランや料理店の情報である。

　以上の例のように，目的と問題に即してデータを収集する。あたりまえのようだが，そのうえで収集したデータを活かすための様々なデータ解析技術がある。

---

3) 「問題解決ができる！ 武器としてのデータ活用術　高校生・大学生・ビジネスパーソンのためのサバイバルスキル」柏木吉基著 (翔泳社，2019) 等を参照。

## 改訂新版 Fortran90/95 プログラミング

冨田博之・齋藤泰洋 共著　B5・208頁・3410円

最新規格に準拠してFortranを初歩からわかりやすく解説した，実践タイプのテキスト・演習書。初版と同様，文法記述よりもプログラムの実例を優先し，例題形式でプログラミングが身につくように配慮している。

## 情報システムのための 情報技術辞典

情報システムと情報技術事典編集委員会 編
B5・992頁・42900円

情報技術，あるいは情報システムはほとんどすべての人間活動に影響を与えている。本書は情報技術や情報システムに関する知識の共有を自然科学，社会科学の枠を超えて可能にすることを目指して，情報社会で交わされるきわめて重要な基本的用語を解説した辞典である。

## 情報システムの実際（全4巻）

情報システムと情報技術事典編集委員会 編
市民生活に密着した情報システムがどのように開発されているのか，数多くの事例をまとまった形で紹介している。

### 1. 官公庁・公共サービスシステム
B5・232頁・13200円
### 2. 商業・小売業・病院等のシステム
B5・198頁・12100円
### 3. 製造・建設・サービス等のシステム
B5・256頁・14300円
### 4. 経営実務・開発管理・研究支援システム
B5・216頁・12100円

★ 表示価格は税（10%）込みです。

 培風館

東京都千代田区九段南4-3-12（郵便番号 102-8260）
振替00140-7-44725　電話03(3262)5256

　次に，データの取得・取引や**データプラットフォーム**のストラクチャを構築する段階になる。データプラットフォームは膨大なデータを蓄積，加工，分析を一貫してできるようにするデータ分析の基盤のことで，「データ収集」「データ蓄積」「データ加工」「データの可視化と分析」すべての手順を総称したよび方である。この段階の行動規範としては，知的財産法や個人情報保護法をもとに法的に論じられることが多い[4]。2018 年 5 月に欧州で GDPR (General Data Protection Regulation：一般データ保護規則) が施行されたことにともない，個人データの法的保護を強化する動きもある。各国，地域や文化による違いもあり，絶対の判断がつけられない類の話も多いが，§1.1 で述べたように，データの扱いには「適切な」管理体制が望まれる方向にある。

　また，データは単に保有するだけでは大きな価値がなく，加工・分析等を行って各々の活動の目的や問題に活用する方法を開発することで，はじめて価値が創出されるものである。多数の団体によるデータ利用の契約交渉を行う際には，データを利用する方法 (能力) を有する当事者に権限を与え，そのような当事者による利用を促進し，データの利用によって得られる収益を当事者間で分配するという考え方が望ましい。

　データの利活用を促進するための法整備については，2016 年 12 月 7 日に**官民データ活用推進基本法** (以下，官民データ法) が成立している。そこでは官民データ法の実施にあたって「官民データ活用の推進に関する施策の総合的かつ効果的な推進を図るため」(官民データ法 8 条 1 項)，官民データ活用推進基本計画が定められることになっている。官民データ活用推進基本計画の最新のものは，2018 年 6 月 15 日付の「世界最先端デジタル国家創造宣言・官民データ活用推進基本計画」(以下，基本計画) である。官民データ法は

> 「インターネットその他の高度情報通信ネットワークを通じて流通する多様かつ大量の情報を適正かつ効果的に活用することにより，急速な少子高齢化の進展への対応等の我が国が直面する課題の解決に資する環境をより一層整備することが重要であることに鑑み，(中略)　官民データ活用の推進に関する施策を総合的かつ効果的に推進し，もって国民が安全で安心して暮らせる社会及び快適な生活環境の実現に寄与すること」

を目的とし (第 1 条)，個人情報・個人データのみに限られない電磁的記録たる

---

4)　「データの法律と契約」福岡真之介・松村英寿著 (商事法務，2019) 等を参照。

「官民データ」の活用を推進しようとするものであるとされている。その趣旨は，上記法令によれば，ビッグデータ，AI, IoT, 情報セキュリティを中心とし，情報通信技術の進展を背景に，

> 「官 (国，地方公共団体等)，民 (企業等) の諸活動自体を，データ活用を前提とした社会に適応するものに転換し，官民双方が各々保有するデータ (官民データ) をみんなで活用できる環境を整備することにより，国民一人一人が豊かさを真に実感できる社会モデルを構築していくことが必要である」

ということである。

## 2.2 データについての留意事項

データの流出や不正利用にともなう損害発生への懸念もあり，データ保護の基準策定が進み，個人情報の保護基準の強化を推し進める動きが世界中で進められている。欧州の GDPR は 2016 年 4 月 27 日に採択され[5)]，2018 年 5 月25 日に施行されている。データを国内のサーバで管理することを義務づけるデータローカライゼーション規制を施行する国もある。典型例は，中国の“サイバーセキュリティ法”とロシアの“情報技術・情報保護並びに個人情報保護に関する連邦法”である。これらは，自国の重要機密データの保護や国防，検閲の容易性，自国の産業保護をも狙ったものである。我が国では，グローバル化対応を意識した“改正個人情報保護法”(以下，保護法) などが 2017 年 5 月 30日に施行され，データをどの程度加工すれば個人情報ではなくなるのかを定めた規制などがまとめられている。

規制の進む一方で，倫理的な配慮を過剰に考えすぎ，価値あるサービスやシステムの創出が萎縮してしまうのを避けるための方策も必要であろう。上述 §2.1で述べた官民データ法と保護法との関係で，官民データ法の考え方と保護法とはどのように折り合いをつけているのかを以下に少し述べておく。

官民データ法については，保護法の改正にあわせて自由民主党政務調査会名義で公表された「個人情報保護法改正に関する提言」(2015 年 2 月 12 日) にもその萌芽をみることができる。実際，同提言の 3 項では，本来の法改正の趣旨をふまえ，保護法の目的規定および新たに設置する第三者委員会の任務規定に，

---

5) EDPD のホームページ https://edpb.europa.eu/our-work-tools/general-guidance/guidelines-recommendations-best-practices_en

"個人情報の利活用の推進に配慮する旨を明記すること"，という内容が含まれていた。このように保護法の目的規定および個人情報保護委員会[6]の任務規定に「個人情報の利活用の推進」を盛り込もうという動きは以前からあった[7]。倫理的な配慮を過剰にしすぎないバランスが，多くのデータ利活用と運用で求められているわけである。

　以上，データ利活用のしくみの概略，個人情報保護の実情を述べた。個人情報保護制度は実際には複雑で，データ利活用に関する法制度はさらに複雑なものとなっている状況が垣間みえたかと思う。政治的な判断が加わっているのは，個々人の行動規範では決めきれないことが多い実情を考えれば，致し方ないところもあるだろう。とはいえ，個別の運用や利用の際は，適切に情報の保護が図られているかどうか，個別に注意深く検証して，運用・利用する必要があることはいうまでもない。

# 3. AI とのかかわり

## 3.1 AI の利活用

　深層学習 (ディープラーニング) を用いた AI 技術は，膨大なデータも併用することで，画像認識，音声認識，テキスト認識などの広範な領域で飛躍的な進歩をもたらしている。最近では，世界各国で社会的影響が大きい意思決定の判断材料としても AI が使われるようになり，裁判所の判決や人事採用プロセスから，犯罪容疑者のプロファイリング，福祉給付の割り当て，医療診断など，その用途は際限なく広がってきている。一般にこれらの判断するためのアルゴリズムは，AI が適切に作られていると仮定すれば，素早く優れた意思決定を可能にするはずだと思われがちである。

　しかし，そのようなシステムの学習に使われる訓練データにはしばしば人種，性別，イデオロギーのバイアスが含まれており，不公平で差別的な意思決定につながる可能性があることが知られるようになってきた。研究者と開発者は，かつては自分たちが開発した AI は中立であり，偏向してはいないと考えていたかもしれないが，AI の実際の利用事例では，プログラムや使われたデータ，さ

---

6) https://www.ppc.go.jp/enforcement/infoprovision/laws/GDPR/
7) https://www.meti.go.jp/press/2018/06/20180615001/20180615001-1.pdf

らにはアプリケーションの発想そのものが，現実に問題を引き起こす場合があ
ることが明らかになってきたのである。海外の事例であるが，Amazon の人材
採用エンジンが「女性」という言葉を含む経歴書を不利に扱っていた例や，英
国の警察が人種的背景と間接的に結びついた基準で容疑者をプロファイリング
していた例が明らかになっている。こうした例をみると，アルゴリズムの欠陥
に，人々が懸念をもつのも無理からぬことと思われる。しかし，アルゴリズム
のバイアスは問題の一面にすぎず，「AI の倫理」の全体像はもっと多面的なも
のである。

　一方で，AI の応用範囲は，ビッグデータを用いたスポーツ解析，SNS デー
タの分析，感染症伝搬の予測，経済データのシミュレーション，さらに，生物
学や医療・臨床現場への応用技術などにも広がっている。以下では，利用範囲
が広がっていることによる，AI のメリットについても具体的に述べてみたい。
実際にどのような使われ方をしているのか，どのように役立っているのかを具
体例と一緒にみるとわかりやすいだろう。

○例 3.1 (業務の効率化). AI は，企業・医療・教育における単純作業を人間の
代わりに行うことができる。企業であれば，TPO データの入力管理等，ルーチ
ン化している作業を AI に任せることで業務の効率化が図られる。医療において
は，CT・MRI 画像などから AI が病状を診断することで診断時間を約 80 % 削
減できるともいわれている。AI は人間の脳では記憶しきれない量のデータを
もっているため，様々な病気について学習し診断できることになる。教育にお
いても，テスト採点の自動化，生徒にあった学習の最適化などに AI が役立っ
ている。テスト採点のように細かい作業が減ることで業務の効率化ができると
いうのは，企業の業務効率化と同等である。

○例 3.2 (労働力不足の解消). 2 つ目のメリットは，労働力不足の解消である。
日本は少子高齢化社会ということもあり，労働者人口が年々減少している。そ
こで活躍するのが AI になる。コンビニやアパレルショップでは，いくつかの
店で無人化がすでに試行されている。まだ AI による無人店舗はそれほど多く
ないが，今後増えていくであろう。

○例 3.3 (データの分析・予測). 3 つ目のメリットは，データの分析・予測で
ある。医療現場に導入されている例と同様，AI は膨大な量のデータを集めて分

析したり予測したりすることに長けている。状況によっては，人間をはるかに上回るこの能力は，企業経営やマーケティングに役立つ。日本コカ・コーラやいくつかの業種では既に，AI のデータ分析によって顧客の行動を掌握して売り上げを伸ばすことに成功している。

○例 **3.4** (快適な生活). iPhone の Siri や予測変換，カメラアプリなど，我々の生活はもはや AI とは切り離せないものとなってきている。Amazon や YouTube といった多くのユーザーをかかえるサービスも，過去の閲覧履歴から，ユーザーに合った商品をお薦めとして提供している。近年では音声だけで操作できるスマートスピーカーも一般的である。我々の日常は，AI によってどんどん快適になっていくといっても過言ではない。

## 3.2 AI についての留意事項

AI とうまく付き合っていくことで生活は豊かになり，仕事は効率的になっていく。そのためには，AI 導入によるメリットとデメリットを把握したうえで，適切に活用してゆく必要がある。同時に，AI を使ったシステムが引き起こす望ましくない事態の影響を抑えるために，開発者に対して "人権を尊重するアルゴリズム" を作るように訴え，それを手助けするための法案やガイドラインやフレームワークの作成が世界中で取り組まれている。そうはいっても，絶対の判断などはないのが実情ではある。AI にはどのようなデメリットがあるのかも考えてみよう。

○例 **3.5** (責任の所在). AI のデメリットの一つとして，責任の所在がわからないということがある。例えば，自動運転の車が事故を起こしてしまったときは，車に乗っていた人に責任があるのか，それとも，車を作った会社や工場に責任があるのか，といったことは現在，法律でも定められていないため，AI を導入する前にリスクとして知っておいたほうがよい。

○例 **3.6** (思考のプロセス). 現在のところ，AI の運用は「ブラックボックス問題」になっていることが多い。「ブラックボックス問題」とは，第 I 章でふれたように，リンゴをなぜ「リンゴ」と判断したか，AI の思考プロセスがみえないという問題である。機械学習や深層学習を大規模なパラメータ (変数) による回帰解析とよばれる解析方法だと考えた場合に，結果として得られたパラメー

タの数字や係数の意味を人間は説明できない場合がほとんどである．例えば，2016 年に AI がプロの囲碁棋士に勝った事例が有名 (AlphaGo) だが，思考のプロセスがみえないため，なぜ AI がプロに勝つことができたのかは，人間にはわからない．

○例 3.7 (雇用の減少)．AI の技術が進歩していくことで，レジ係や事務員などの仕事は人がやらなくてもよいことになる．企業のなかでも単純作業は AI が担っていくことになり，人員削減につながるであろう．他にも，スポーツの審判，電話オペレータやホテルの受付係などでも，雇用減少が予測されている．AI に代替されにくい，専門性のある，よりクリエイティブな能力を必要とする職種が生き残りやすいともいわれているが，絵画，音楽，小説など，AI が創作者となる場合もあり，あくまでも程度問題である．

　ここでは，AI のデメリット・問題点をごく簡単に紹介したが，実際には，すでに膨大な文書で問題点や解決策が提案されている．AI にかかわる原則として，初期のものでは米国の SF 作家の I. アシモフの「ロボット工学の三原則」[8] もよく引用される．この「三原則」は英国の哲学者である P. フットが提唱した「トロッコ問題」[9] に関連して言及されることもある．

　欧州連合 (EU) では最近，「信頼できる技術」[10] によって「人を第一に考える」ことを定めた AI 戦略を公表している．また中国の科学者は 2019 年に，中国政府と協力しながら作成した「北京 AI 原則」を発表した．これらの原則では人権の尊重に焦点をあてている．米国では 2020 年に，AI に対する社会的な信頼を構築するための 10 の原則が提案された．またその数か月前には，米国 国防総省が戦争での AI 利用に関するガイドラインの草稿を公表したが，このガイドラインでは，開発者に対して AI の責任から信頼性まで多岐にわたる様々な原

---

8)　「ロボット工学の三原則」とは，**第一条**：ロボットは人間に危害を加えてはならない．また，その危険を看過することによって，人間に危害を及ぼしてはならない．**第二条**：ロボットは人間にあたえられた命令に服従しなければならない．ただし，あたえられた命令が，第一条に反する場合は，この限りではない．**第三条**：ロボットは，前掲第一条および第二条に反するおそれのないかぎり，自己をまもらなければならない．[出典：「われはロボット」〔決定版〕(ハヤカワ文庫 SF)，アイザック・アシモフ著／小尾芙佐訳 (早川書房，2004) より引用。]

9)　「トロッコ問題」とは，「ある人を助けるために他の人を犠牲にするのは許されるか？」という形で取り上げられる倫理学上の問題のこと．

10) WHITE PAPER: On Artificial Intelligence — A European approach to excellence and trust https://ec.europa.eu/info/sites/default/files/commission-white-paper-artificial-intelligence-feb2020_en.pdf

則を守ることを求めている。同様に英国では，政府の AI 庁 (Office for AI) が，AI が従うべき原則について詳しく定めているほか，政府が AI のデータ利用についてのガイドラインを示す「データ倫理フレームワーク」[11]を公表している。

　我が国でも，AI・人工知能の研究者が集まる人工知能学会で倫理委員会を設置し，AI の倫理について積極的に啓発活動をしている。例えば，同委員会は2017 年 2 月 28 日に「人工知能学会 倫理指針」[12]を公表し，そのなかで，人類への貢献，法規制の遵守，他者のプライバシーの尊重，公正性，安全性，誠実な振る舞い，社会に対する責任，社会との対話と自己研鑽，AI への倫理遵守を要請している。さらに，2019 年 12 月 10 日に同委員会が発表した「機械学習と公平性に関する声明」では，次の 2 点が重要だと述べている[13]。

(1) 機械学習は道具にすぎず人間の意思決定を補助するものであること。

(2) 私たちは，公平性に寄与できる機械学習を研究し，社会に貢献できるよう取り組んでいること。

　また，2019 年 3 月 29 日に日本政府 (統合イノベーション戦略推進会議) は，「人間中心の AI 社会原則」[14]を発表し，そのなかで社会全体が意識すべき「AI 社会原則」と AI の開発者が意識すべき「AI 開発利用原則」の 2 つを示している。特に **AI 社会原則**は，適切で積極的な AI の社会実装を推進するために考えられており，AI を開発・提供する会社や研究所だけでなく，社会を構成する一人ひとりが理解し，場合によっては議論を行ってアップデートしていく必要があるもので，次のように要約されている。

(1) 人間中心の原則 (基本的人権の尊重)

(2) 教育・リテラシーの原則 (AI を扱う人の教育の充実)

(3) プライバシー確保の原則 (個人情報の保護)

(4) セキュリティ確保の原則 (AI セキュリティの確保)

(5) 公正競争確保の原則 (公正な競争)

(6) 公平性，説明責任および透明性の原則 (AI の決定事項の説明責任)

(7) イノベーションの原則 (国際的な環境整備)

---

11) https://www.gov.uk/government/publications/data-ethics-framework

12) http://ai-elsi.org/archives/471

13) 人工知能倫理委員会 http://ai-elsi.org/archives/888

14) https://www8.cao.go.jp/cstp/aigensoku.pdf

　例 3.5 で，AI のデメリットとして，「責任の所在がわからない」ということ
をあげたが，これについては，「基本的に AI が行ったことに対する責任は AI
の所有者にある」という当座の解決策がいわれることもある。納得いかないこ
とも多く，落としどころをみつけている状況が実際ではないだろうか。

　データの取り扱いについて個人情報保護の観点からは，データの適切な管理
が望まれている。実際，情報漏洩を起こすごとに事業者にコストがかかり，100
万件の個人データにつき約 4 億円との試算もある。そうはいっても，官民デー
タ活用推進基本法の理念では，個別のデータも加工すれば，個人情報を保護し
つつ扱えると考えられる。

★練習問題 Ⅲ.1. 個人情報について具体例をひとつ述べよ。また，どのように加工して
利用すれば，個人情報を保護しつつ，有意義にデータ活用できると推測されるかについ
て，アイデアを 300 字程度で述べよ。

# Ⅳ

## 選　択

本章で扱うのは (リテラシーレベル) モデルカリキュラムで「選択」とされている項目である[1]。本書では，モデルカリキュラムから題材として，統計基礎，アルゴリズム基礎，数理基礎，時系列解析，機械学習，特徴抽出，テキスト解析，画像解析，ビッグデータ利活用，多変量解析について取り上げる。

## 1.　統計基礎

### 1.1　統計的推測

　第 Ⅱ 章では，統計学のうちでも「記述統計」の初歩的な内容について述べた。一方，「数理統計」はデータサイエンスの中核をなすものである。本節では，数理統計学のなかでも特に重要な**推定** (estimation) や**検定** (testing) とよばれる方法を紹介する。

　推定とは，データを推論することであり，**統計的推論** (statistical inference) により，母集団の一部分，すなわち，標本 (データ) の観察にもとづいて母集団の特徴を表す何らかの未知の特性値 (**パラメータ** (parameter) あるいは**母数**) を推測することである。例として，政府支持率 (特性値) を有権者 (母集団) の中から何千人かの人 (標本) を選んで調べること，母集団を構成する人々の所得の平均を推測すること，などがある。

　一方，検定とは，母集団の性質について我々が想定すること (**仮説**) が標本の観察結果によって支持される (yes/no) かどうかを調べることである。例えば，

---

　1)　大阪大学におけるリテラシーコースではそのうちの最初の二項目である "統計基礎" と "アルゴリズム基礎" を，第 Ⅰ 章，第 Ⅱ 章，第 Ⅲ 章に加えて必修として 2 単位分を設定し，本章の残りの部分は選択 2 単位として開講している。

「猫が可愛いと思う人が 50 パーセント以上」(仮説) が，何千人かの人 (標本) を調べた結果から支持されるかどうかを吟味するのが検定である．

## 1.2 推　定

第 Ⅱ 章の §1.3〜1.6 で，平均，分散，正規分布について述べた．母集団の平均や分散の推定には，次の強力な事実が有効である．証明は確率論や統計学の専門書にゆずる[2]．

**定理 1.1 (中心極限定理).** 平均 $\mu$，分散 $s^2$ の，データ数が十分に大きい母集団を考える．その母集団より無作為に取り出した標本数を $n$ とすると，この母集団の分布の如何にかかわらず，標本 (サンプル) の平均 (**標本平均**という)

$$\bar{x} = \frac{1}{n}(x_1 + x_2 + \cdots + x_n)$$

の分布は，$n$ が大きくなるとき，平均 $\mu$，分散 $\dfrac{s^2}{n}$ の正規分布に近づく．

いい換えれば，多くの標本をとって平均をとると，その分布はほぼ正規分布に従うということである．

○**例 1.1.** 平均 $\mu = 3.5$，分散 $s^2 = \dfrac{315}{4}$ に従って目が出るサイコロがあるとすると，このサイコロを 100 回振ったときの出目の和の平均は，ほぼ平均

$$\mu = 3.5,$$

分散

$$\frac{s^2}{100} = \frac{\left(\frac{315}{4}\right)}{100} = \frac{63}{80}$$

の正規分布に従う．

中心極限定理を利用して平均を推定してみよう．

●**例題 1.1.** ある 5 日間の店の売り上げが次のようであったとする．

$$\text{売上 (万円)} \quad 15 \quad 20 \quad 16 \quad 21 \quad 18 \tag{Ⅳ.1}$$

この場合，この 5 日間の売り上げ平均は

---

2)　「大数の法則」や「コルモゴロフの 0–1 法則」なども確認するとよい．

$$\frac{15 + 20 + 16 + 21 + 18}{5} = \mathbf{18} \quad (万円)$$

である。ここで，母集団の標準偏差 $s$ が 3 万円であることがわかっていたとすると，この店の 5 日間の売り上げ平均 $\mu$ は，**95 ％の割合 (確率)** で，区間

$$15.4 = \mathbf{18} - 1.96 \cdot \frac{3}{\sqrt{5}} < \mu < \mathbf{18} + 1.96 \cdot \frac{3}{\sqrt{5}} = 20.6 \quad (万円) \qquad (\text{IV}.2)$$

の範囲に含まれる。いい換えると，この店の売り上げの 5 日間の平均は，95 ％の割合で 15.4 万円から 20.6 万円の間にある。

　例題のように，区間でパラメータを推定することを**区間推定** (interval estimation) とよび，求めた区間を**信頼区間** (confidence interval) という。パラメータ (ここでは平均の売り上げ) がその区間に含まれると確信できる程度を**信頼係数** (confidence coefficient) とよぶ。上の場合には信頼係数は 95 ％と設定した。

　ここで (IV.2) で用いた $3/\sqrt{5}$ は，中心極限定理で標本平均が近似的に従う分散 $s^2/n$ に由来する。この例だと $s = 3$, $n = 5$ であるところを，次元をあわせて平方根をとっている。一方，数字 1.96 は 95 ％に対応して決まるもので，**分位点**という。例えば，分位点を 2.58 にすると信頼係数 99 ％ の信頼区間を求めることができる。

表 IV.1　信頼水準と分位点

| 信頼係数 (%) | 90 % | 95 % | 99 % |
|---|---|---|---|
| 分 位 点 | 1.65 | 1.96 | 2.58 |

**★練習問題 IV.1.** あるメーカーで製造した電球の寿命を測定するため，9 個のサンプルで測定したところ次のようなデータ (寿命時間) を得た。

　2529　2520　2516　2727　2593　2592　2593　2585　2565 (時間)

上のデータから，標本平均は〔　　　　　　　　〕$= 2580$ 時間である。母集団の標準偏差が 90 時間であるとして，9 個の電球の寿命平均の信頼区間を信頼係数 99 ％で求めよ。(Hint. 2.58 を使う。)

　ここまでの議論では，標準偏差 $s$ がわかっているとしたが，$s$ がわからないとき，どのように推定すればよいであろうか。

**定義 1.1.** 母集団から $n$ 個の標本を無作為にとり，標本平均を

$$\bar{x} = \frac{1}{n}(x_1 + x_2 + \cdots + x_n)$$

とする。このとき**不偏標本分散** (unbiased variance) を

$$\widehat{s^2} = \frac{1}{n-1}\{(x_1 - \bar{x})^2 + (x_2 - \bar{x})^2 + \cdots + (x_n - \bar{x})^2\} \qquad \text{(Ⅳ.3)}$$

とし，$\widehat{s^2}$ の正の平方根 $\hat{s}$ を**標本標準偏差** (sample standard deviation) とよ
ぶ[3]。

式 (Ⅳ.3) において分母は $n$ ではなく $n-1$ であり，この $n-1$ を**自由度**とよ
ぶ。次の定理によって，標本数 $n$ が大きくなれば，標本標準偏差 $\hat{s}$ が母集団の
標準偏差 $s$ のより良い近似になる。この結果は，標準的な推定の方法として利
用されている[4]。

**定理 1.2 ($t$ 値を用いた母平均の推定).** 母集団から $n$ 個の標本を無作為にと
る。したがって自由度は $n-1$ である。標本の平均を

$$\bar{x} = \frac{1}{n}(x_1 + x_2 + \cdots + x_n)$$

とし，$\hat{s}$ を標本標準偏差とする。このとき，$n$ 個の平均の信頼係数 95 % の信頼
区間は

$$\bar{x} - t_{0.95}(n-1) \cdot \frac{\widehat{s}}{\sqrt{n}} < \mu < \bar{x} + t_{0.95}(n-1) \cdot \frac{\widehat{s}}{\sqrt{n}}$$

である。

定理の式で，$t_{0.95}(n-1)$ を **$t$ 値**とよぶ。この値を定める $t$ 分布関数は，標
本数が大きくなると正規分布に近づくことも知られている。$t$ 値については表
Ⅳ.2 で示した。

●**例題 1.2.** 例題 1.1 において，<u>母集団の標準偏差がわからない場合</u>には次の
ように推論する。ただし標本は (Ⅳ.1) のとおりとする。

(Step1) 標本平均は $\dfrac{15 + 20 + 16 + 21 + 18}{5} = \mathbf{18}$ （万円）.

---

3)  ^ は「ハット」と読む。

4)  W.S. Gosset, Biometrika, **6** (1908), pp.1–25 による。

表 **IV.2**　　$t$ 値の分布表

| $n$<br>(標本の数) | $n-1$<br>(自由度) | $t$ 値<br>(信頼係数 95%) | $t$ 値<br>(信頼係数 99%) |
|---|---|---|---|
| 2 | 1 | 12.71 | 63.66 |
| 3 | 2 | 4.30 | 9.92 |
| 4 | 3 | 3.18 | 5.84 |
| 5 | 4 | 2.78 | 4.60 |
| 6 | 5 | 2.57 | 4.03 |
| 7 | 6 | 2.45 | 3.71 |
| 8 | 7 | 2.36 | 3.50 |
| 9 | 8 | 2.31 | 3.36 |
| 10 | 9 | 2.26 | 3.25 |
| 11 | 10 | 2.23 | 3.17 |
| 12 | 11 | 2.20 | 3.11 |
| 13 | 12 | 2.18 | 3.05 |
| 14 | 13 | 2.16 | 3.01 |
| 15 | 14 | 2.14 | 2.98 |
| 16 | 15 | 2.13 | 2.95 |
| 17 | 16 | 2.12 | 2.92 |
| 18 | 17 | 2.11 | 2.90 |
| 19 | 18 | 2.10 | 2.88 |
| 20 | 19 | 2.09 | 2.86 |
| 21 | 20 | 2.09 | 2.85 |
| 22 | 21 | 2.08 | 2.83 |
| 23 | 22 | 2.07 | 2.82 |
| 24 | 23 | 2.07 | 2.81 |
| 25 | 24 | 2.06 | 2.80 |
| 41 | 40 | 2.02 | 2.70 |
| 61 | 60 | 2.00 | 2.66 |
| 121 | 120 | 1.98 | 2.62 |
| 241 | 240 | 1.97 | 2.60 |
| $\infty$ (正規分布) | $\infty$ (正規分布) | 1.96 | 2.58 |

(Step2)　不偏標本分散は

$$\widehat{s^2} = \frac{1}{5-1}\Big\{(15-\mathbf{18})^2 + (20-\mathbf{18})^2 + (16-\mathbf{18})^2 + (21-\mathbf{18})^2$$

$$+ (18-\mathbf{18})^2\Big\} = \frac{26}{4},$$

したがって，標本標準偏差は $\widehat{s} = \sqrt{\dfrac{26}{4}} \fallingdotseq 2.55$ （万円）.

(Step3)　$t$ 値は表 IV.2 より，$t_{0.95}(5-1) = t_{0.95}(4) = 2.78$．

(Step4)　以上より，5 日間の合計売り上げの平均は 95 % の割合で

$$18 - 2.78 \cdot \frac{2.55}{\sqrt{5}} < \mu < 18 + 2.78 \cdot \frac{2.55}{\sqrt{5}}$$

に含まれる。すなわち，信頼係数 95 ％の信頼区間は $18 - 3.17 < \mu <$ $18 + 3.17$, ゆえに，$14.83 < \mu < 21.17$ (万円) である。

★練習問題 **IV.2.** 自身の最近の平日 5 日間の生活費をサンプルデータとして，平日 5 日間の平均生活費の 95 ％の信頼区間を求めよ。

★練習問題 **IV.3.** 自身の 4 日間の夕食代について以下の計算を実行せよ。
(Step1) サンプルデータを記せ。

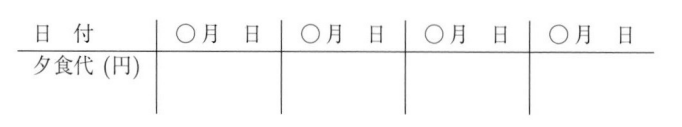

| 日　付 | ○月　日 | ○月　日 | ○月　日 | ○月　日 |
|---|---|---|---|---|
| 夕食代 (円) | | | | |

(Step2) 標本平均を求めよ。　　　　　　　　　　　　　　　　　　　　　　　(円)
(Step3) 不偏標本分散と標本標準偏差を求めよ。

$$\widehat{s^2} = \frac{1}{4-1}\{ \qquad\qquad \} = \boxed{\phantom{xxx}},$$

したがって，$\widehat{s} = $ 　　　　　　　　(円).

(Step4) $t$ 値は，表 IV.2 より $t_{0.95}(4-1) = t_{0.95}(3) = $ 　　　　　.

(Step5) 以上をあわせて，4 日間の夕食代の平均は 95 ％の割合で

$$\rule{1.5cm}{0.4pt} - \rule{1cm}{0.4pt} \cdot \frac{\rule{0.8cm}{0.4pt}}{\sqrt{4}} < \mu < \rule{1.5cm}{0.4pt} + \rule{1cm}{0.4pt} \cdot \frac{\rule{0.8cm}{0.4pt}}{\sqrt{4}}$$

に含まれる。すなわち，信頼係数 95 ％の信頼区間は

$$\rule{3cm}{0.4pt} < \mu < \rule{3cm}{0.4pt} \text{(円)}.$$

## 1.3 検　定

　検定とは，**仮説** (hypothesis) をたて，標本の観察結果と突き合わせて仮説が正しいといえるかどうかを判定する方法である。通常は仮説が 100 ％正しいとはいいきれないので，仮説が成り立つ割合 (確率) が大きい領域 (**採択域** (acceptance region)) を定

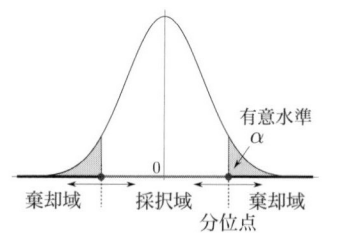

め，サンプル (標本) データの検定統計量が採択域にある場合に仮説を採択し，

仮説が成り立つ割合が小さい領域 (**棄却域** (rejection region)[5]) にある場合には仮説を棄却する。なお，検証したい仮説 (**検定仮説**) に対して，それに反する仮説 (**対立仮説**) を用意して同時に検定することが多い。

ここでは平均の検定について述べる。

次の例題において**有意水準** $\alpha = 0.05$ とは，95 %の割合で仮説が正しいということである。この場合，**検定統計量** $T$ が，正規分布の表 IV.1 に対応した値 1.96 になることは，中心極限定理を用いて示される。

●**例題 1.3.** A 店の 1 日の売り上げのサンプルデータが 5 日間で (IV.1) であったとする。チェーン店全体の売り上げ平均 (母集団の平均) が 20 万円であるとして，A 店の標本平均 18 万円が全店平均と有意な差があるかどうか検定してみよう。ただし，チェーン店全体の売上の標準偏差が 4 万円であることがわかっているとする。

(Step1) 仮説を "全店の売り上げ平均と A 店の売り上げ平均には差がない" とする。

(Step2) 有意水準を $\alpha = 0.05$ とする。これはサンプルデータが 95 %の信頼区間に入ることを意味する。

(Step3) 検定統計量 $T$ を次の式で計算する。

$$T = \frac{(標本平均) - (母平均)}{\sqrt{\frac{(母分散)}{(データ数)}}} = \frac{\bar{x} - \mu}{\sqrt{\frac{s^2}{n}}} = \frac{18 - 20}{\sqrt{\frac{4^2}{5}}} \fallingdotseq -1.19$$

(Step4) 有意水準 $\alpha = 0.05$ に対応する正規分布の値 1.96 を用いて，$|T|$ との大小を比べて

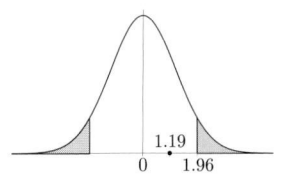

$$1.19 < 1.96$$

と判定する。すなわち仮説は棄却されず採択され，A 店と全国平均の売り上げに差はない。

上の検定をいい換えると，平均の区間推定が，例題 1.1 (IV.2) より $15.4 < \mu < 20.6$ (万円) と同値になり，全国平均の 20 万円がその区間に含まれているので仮説を採択したということになる。

---

5) 図の網かけ部分の面積が有意水準 $\alpha$ であり，その面積に対応する $x$ 軸上の値 (分位点) が分布表で与えられている。

　比較のために，仮に A 店の **100** 日間の売り上げの 1 日平均が 18 万円として，チェーン店全体の平均 (20 万円) との差が有意水準 $\alpha = 0.05$ で有意であるかどうかを検定してみよう。この場合，検定統計量 $T$ は

$$T = \frac{(標本平均) - (母平均)}{\sqrt{\frac{(母分散)}{(データ数)}}} = \frac{\bar{x} - \mu}{\sqrt{\frac{s^2}{n}}} = \frac{18 - 20}{\sqrt{\frac{4^2}{100}}} \fallingdotseq -5$$

であり，有意水準 $\alpha = 0.05$ に対応する正規分布の値 1.96 に対して，$|T|$ との大小を比べて

$$5 > 1.96$$

であるので仮説は棄却され，A 店と全国平均の売り上げには差があるものと検定される。

● **例題 1.4.** 同じ例で，母集団の<u>標準偏差がわからなかった場合</u>に母平均を検定してみよう。

(Step1) 仮説を "全店の売り上げ平均と A 店の売り上げ平均には差がない" とする。

(Step2) 有意水準を $\alpha = 0.05$ とする。

(Step3) 不偏標本分散を求める。$n-1$ で割る (この場合は $5-1=4$ になる)。

$$\widehat{s^2} = \frac{1}{5-1}\{(15 - \mathbf{18})^2 + (20 - \mathbf{18})^2 + (16 - \mathbf{18})^2 + (21 - \mathbf{18})^2 \\ + (18 - \mathbf{18})^2\} = \frac{26}{4}$$

(Step4) 母分散 $s^2$ を不偏標本分散 $\widehat{s^2}$ に置き換えて，検定統計量 $T$ を計算する。

$$T = \frac{(標本平均) - (母平均)}{\sqrt{\frac{(不偏標本分散)}{(データ数)}}} = \frac{\bar{x} - \mu}{\sqrt{\frac{\widehat{s^2}}{n}}} = \frac{\mathbf{18} - 20}{\sqrt{\frac{(\frac{26}{4})}{5}}} \fallingdotseq -1.75$$

(Step5) 有意水準 $\alpha$ に対応する値は $t$ 値を用いる。表IV.2より，$\alpha = 0.05$ のとき $t$ 値 ($n=5$) は 2.78 となり，$|T|$ との大小を比べて

$$1.75 < 2.78$$

と判定される。よって仮説は採択され，A 店と全国平均の売り上げに差はない。

母平均の検定を次のようにまとめておく。

1) 限られた標本から母集団の平均を検定するには，母平均の区間推定と同様に，標準偏差が既知のときと未知のときで分けられる。

2-1) 標準偏差 $s$ が既知のときは次の手順で進める。

   (i) 仮説をたてる。

      i. 検定仮説："母平均と標本平均には差がない。"

      ii. 対立仮説："母平均と標本平均には差がある。"

   (ii) 有意水準 $\alpha$ を決め，対応する分位点を表 IV.1 より求める。

   (iii) 標本平均 $\bar{x}$ を計算する。

   (iv) 検定統計量 $T$ を計算する。

   (v) $\alpha$ に対応する分位点の値と $|T|$ の値を比較して検定する。

2-2) 標準偏差 $s$ が未知のときは次の手順で進める。

   (i) 仮説をたてる。

      i. 検定仮説："母平均と標本平均には差がない。"

      ii. 対立仮説："母平均と標本平均には差がある。"

   (ii) 有意水準 $\alpha$ を決め，対応する $t$ 値を $t$ 分布表 IV.2 より求める。

   (iii) 標本平均 $\bar{x}$，不偏標本分散 $\widehat{s^2}$ を計算する。

   (iv) 検定統計量 $T$ を計算する。

   (v) $\alpha$ に対応する $t$ 値と $|T|$ の値を比較して検定する。

**注意 IV.1.**

(1) 検定仮説 (hypothesis testing) は**帰無仮説** (null hypothesis) ともよばれる。

(2) 検定には，両側検定，片側検定と 2 種類がある。平均が等しいかを検定するのは両側検定で，2 つの平均 $\mu_{\mathrm{A}}$, $\mu_{\mathrm{B}}$ の比較が大小の 2 種類あるため，"両側"とよぶ（$\mu_{\mathrm{A}} < \mu_{\mathrm{B}}$ と $\mu_{\mathrm{A}} > \mu_{\mathrm{B}}$）。

(3) 検定には基礎 (第 II 章 §2.4) で述べた A/B テストなど，状況によって様々な種類がある。標本から検定統計量 $T$ の分布を求め，正規分布や $t$ 分布など標準的な分布と比較することで検定する。

　次に紹介するのは **2 標本 $t$ 検定**とよばれ，2 つの独立した母集団があり，それぞれの母集団から抽出した標本の平均に差があるかどうかを検定するものである。

●**例題 1.5.** 以下のサンプルデータを用いて，A 店の 1 日の売り上げと B 店の 1 日の売り上げに差がないかどうかを以下の手順で検定する。

| A 店の売上 (万円) | 15 | 20 | 16 | 21 | 18 | |
|---|---|---|---|---|---|---|
| B 店の売上 (万円) | 17 | 22 | 31 | 45 | 5 | 12 |

(Step1) 仮説を "A 店と B 店の 1 日の平均売り上げには差がない" とする。

(Step2) 有意水準を $\alpha = 0.05$ とする。

(Step3) A, B それぞれの不偏標本分散を計算し，**プール分散** $\tilde{s}^2$ を以下のように定義する。

$$A \text{ の不偏標本分散} = \frac{\boxed{\phantom{xxxxxx}}}{5-1} = \frac{26}{4},$$

$$B \text{ の不偏標本分散} = \frac{\boxed{\phantom{xxxxxx}}}{6-1} = \frac{1024}{5};$$

$$\tilde{s}^2 = \frac{((A \text{ の標本の数}) - 1) \times (A \text{ の不偏標本分散})}{(A \text{ の標本の数}) + (B \text{ の標本の数}) - 2}$$
$$+ \frac{((B \text{ の標本の数}) - 1) \times (B \text{ の不偏標本分散})}{(A \text{ の標本の数}) + (B \text{ の標本の数}) - 2}$$
$$= \frac{(5-1) \times \frac{26}{4}}{5+6-2} + \frac{(6-1) \times \frac{1024}{5}}{5+6-2} = \frac{1050}{9}$$

(Step4) A, B それぞれの標本平均を計算し，検定統計量 $T$ を以下の式で計算する。

$$A \text{ の標本平均} = \frac{\boxed{\phantom{xxxxxx}}}{5} = 18,$$

$$B \text{ の標本平均} = \frac{\boxed{\phantom{xxxxxx}}}{6} = 21;$$

$$T = \frac{(A \text{ の標本平均}) - (B \text{ の標本平均})}{\sqrt{\tilde{s}^2 \left( \frac{1}{(A \text{ の標本の数})} + \frac{1}{(B \text{ の標本の数})} \right)}}$$

$$= \frac{18 - 21}{\sqrt{\left(\frac{1050}{9}\right)\left(\frac{1}{5} + \frac{1}{6}\right)}} \fallingdotseq -0.45$$

(Step5) 上述の $T$ も $t$ 分布に従う。$t$ 値の自由度は

$$(\text{A の標本の数}) + (\text{B の標本の数}) - 2 = 5 + 6 - 2 = 9$$

である[6]。

(Step6) 有意水準 $\alpha = 0.05$，すなわち信頼係数 95
%，自由度 9 の $t$ 値は表 IV.2 から 2.26 と
なり，$|T|$ の値と比較して

$$0.45 < 2.26.$$

これより仮説は採択され，A 店と B 店の
売り上げ平均に有意の差はないと検定さ
れる。

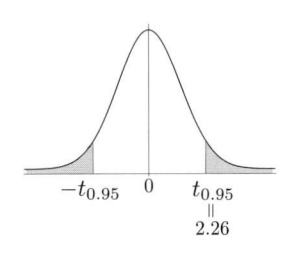

$-t_{0.95}$  0  $t_{0.95}$
          $\parallel$
          2.26

　この検定では，有意水準を $\alpha = 0.05$ とし，上図のように検定統計量 $T$ が

$$\begin{cases} -t_{0.95} < T < t_{0.95} & \text{のとき採択,} \\ T < -t_{0.95},\ t_{0.95} < T & \text{のとき棄却} \end{cases}$$

とする。自由度については，2 つの標本をとるので

$$(\text{A の標本の数}) + (\text{B の標本の数}) - 2$$

となると考えればよい。

★練習問題 **IV.4.** 自分のここ 3 日間の睡眠時間を記入して検定せよ。上段は X 氏の
データである。

| X 氏 (時間) | 6 | 7 | 5 |
|---|---|---|---|
| 自分 (時間) | | | |

(Step1) 仮説を "自分と X 氏の平均睡眠時間には差がない" とする。

(Step2) 有意水準を $\alpha = 0.05$ とする。

(Step3) X 氏の睡眠時間の標本平均と不偏標本分散を求める。

---

6)  $-2$ に注意。

$$(\text{X 氏の睡眠時間の標本平均}) = \frac{6 + 7 + 5}{3} = \mathbf{6},$$

$$(\text{X 氏の睡眠時間の不偏標本分散})$$
$$= \frac{1}{3 - 1}\{(6 - 6)^2 + (7 - 6)^2 + (5 - 6)^2\} = \mathbf{1}.$$

(Step4) 自分の睡眠時間の標本平均と不偏標本分散を求める。

$$(\text{自分の睡眠時間の標本平均}) = \frac{\quad + \quad + \quad}{3}$$

$$= \underline{\qquad} (\text{時間}),$$

$$(\text{自分の睡眠時間の不偏標本分散})$$

$$= \frac{1}{3 - 1}\{(\quad - \quad)^2 + (\quad - \quad)^2 + (\quad - \quad)^2\}$$

$$= \underline{\qquad} (\text{時間})^2.$$

(Step5) プール分散 $\widetilde{s}^2$ を計算する。

$$\widetilde{s}^2 = \frac{((\text{X 氏の標本の数}) - 1) \times (\text{X 氏の不偏標本分散})}{(\text{X 氏の標本の数}) + (\text{自分の標本の数}) - 2}$$

$$+ \frac{((\text{自分の標本の数}) - 1) \times (\text{自分の不偏標本分散})}{(\text{X 氏の標本の数}) + (\text{自分の標本の数}) - 2}$$

$$= \frac{(3 - 1) \times \mathbf{1}}{3 + 3 - 2} + \frac{(3 - 1) \times \boxed{\phantom{xx}}}{3 + 3 - 2} = \underline{\qquad} (\text{時間})^2$$

(Step6) 検定統計量 $T$ を計算する。

$$T = \frac{(\text{X 氏の標本平均}) - (\text{自分の標本平均})}{\sqrt{\widetilde{s}^2\left(\frac{1}{(\text{X 氏の標本の数})} + \frac{1}{(\text{自分の標本の数})}\right)}}$$

$$= \frac{\mathbf{6} - \boxed{\phantom{xx}}}{\sqrt{\boxed{\phantom{xx}} \cdot \left(\frac{1}{3} + \frac{1}{3}\right)}} \fallingdotseq \underline{\qquad}$$

(Step7) $t$ 値は表 IV.2 より，自由度が $3 + 3 - 2 = 4$ のところをみると 2.78 になる。

(Step8) 以上をあわせて，$|T|$ ( $<$ , $>$ ) 2.78 (不等号のどちらかに○をつける。)

(Step9) よって仮説は ( 採択，棄却 ) された。(採択か棄却のいずれかに○をつける。)

# 2. アルゴリズム基礎

コンピュータを用いて何らかの問題を解くときの手続き・解き方を**アルゴリズム** (algorithm) といい，その手続き・解き方をコンピュータが実行可能なように命令列で表現したものが**プログラム**である。ここではグラフを題材にアルゴリズムについて解説し，関連して計算法にかかわる数理について述べる。

## 2.1 点，辺，次数

**グラフ**は，機械学習ではニューラルネットワークとして，また Google map など，道順の検索でもインターネットを介して利用されている。グラフとは，**点** (vertex, 下図の A, B, C, D, E, F, G, H) と**辺** (edge, 下図の $\overline{AB}$ など) で定まる図形のことである。ある点を端点とする辺の本数を**次数** (degree) といい，各点の次数を

$$\deg(A) = 1, \ \deg(B) = 4, \ \cdots, \ \deg(G) = 2, \ \deg(H) = 2$$

などと表す。

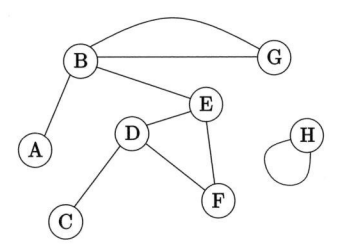

図 **IV.1**　グラフの一例

**定義 2.1 (グラフの用語).**

(1) 上図の $\overline{BG}$ のように，ある 2 点を 2 本以上の辺が結んでいる場合，それらを**多重辺** (multiple edges) とよぶ。

(2) ある点から自身へ戻る辺を**ループ** (loop) とよぶ。上図では，点 H に 1 つのループがある。

(3) 多重辺やループを含まないグラフを**単純グラフ** (simple graph) とよぶ。

(4) 連続する頂点と辺が接続している系列を**経路**とよび，どの 2 つの点も経路で結ばれているグラフを**連結グラフ** (connected graph) とよぶ。

(5) 連結グラフではないグラフを**非連結グラフ** (disconnected graph) とよ
　　ぶ。上図は非連結グラフである。

★練習問題 **IV.5.** 図 IV.1 で，deg(C) 〜 deg(F) を求めよ。

★練習問題 **IV.6.** 3 個の点 A, B, C からなり，deg(A) = 3, deg(B) = 4, deg(C) = 2
となる連結なグラフを一つ描け。

## 2.2　グラフ理論における基本的な問題

　図 IV.1 において，点がそれぞれ一つの国，辺が国の間の条約を表すとする。
国 H が自分と条約を結ぶのは多少不自然だが，deg(D) = 3 は国 D が結んでい
る条約の個数が 3 であることを意味している。この他にも，道路や電気回路な
ど，様々な形でグラフに意味をもたせ，その対象をグラフの考察に基づき調べ
ることができる。このような理論を**グラフ理論**とよぶ。

　**定義 2.2 (特徴的なグラフ).**
　(1) すべての辺をちょうど 1 回ずつ通って出発点に戻る経路 (一筆書き) を含
　　　むグラフを**オイラー・グラフ** (Eulerian graph) とよぶ。
　(2) すべての点をちょうど 1 回ずつ通って出発点に戻る経路を含むグラフを
　　　**ハミルトン・グラフ** (Hamiltonian graph) とよぶ。

●**例題 2.1** (オイラー・グラフ). 次の 3 つのグラフを一筆書きせよ。

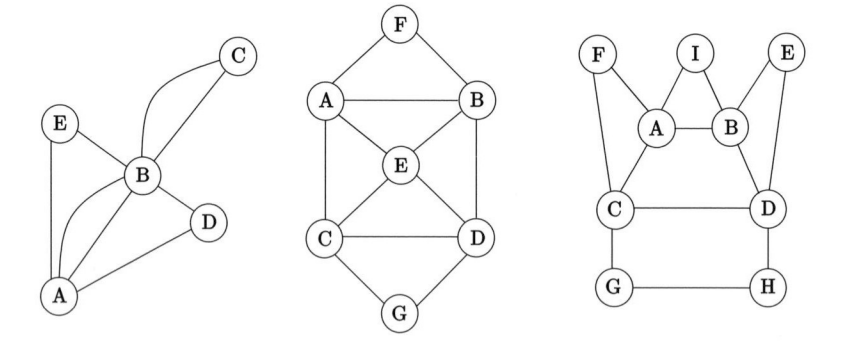

　次の定理は，L. オイラー (1707–1783) による。年間 800 ページという，人類史上最も多くの論文を書いた数学者といわれている。7 つの橋を一度だけ通ってもとの場所に戻るという "ケーニヒスベルクの橋の問題" からグラフ理論を創始した。

　以下の定理で，始点と終点の一致する経路を**閉路**という。

　**定理 2.1.** ある連結グラフが一筆書き可能なための必要十分条件は，以下の条件が成り立つことである。

(1) (オイラー・グラフ)　すべての頂点の次数が偶数。(運筆が出発点に戻る場合。)

(2) (閉路でない道)　次数が奇数である頂点の数が 2 で，残りの頂点の次数はすべて偶数。(運筆が起点に戻らない場合。)

　例題 2.1 では，各点の次数はすべて偶数になっている。

　次は，非常に複雑な場合でもオイラー・グラフで一筆書きをするためのアルゴリズムである。

●**例題 2.2** (フラーリー (Fleury) のアルゴリズム). ある辺が**橋**であるとは，それを除去すると連結成分の数が増えるときをいうことにする。

(Step1)　たどった辺は除去する。辺と接続していない頂点である**孤立点**ができたらそれも除去する。

(Step2)　たどれる辺が 1 つしかなく，それが橋である場合以外は，橋を通らない。

　では，以下のグラフについてアルゴリズムを実行してみよ。

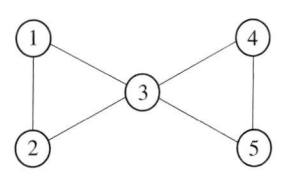

(答)

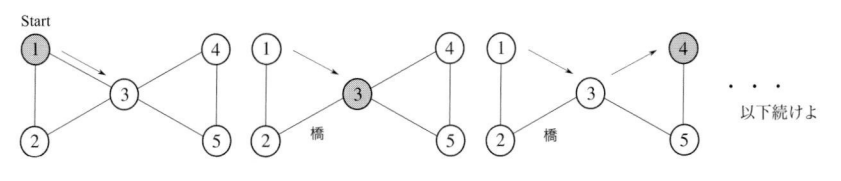

橋は最後まで通らないというのが要点である。

★**練習問題 Ⅳ.7.**　以下のグラフ[7]は複雑であるが，フラーリーの方法で一筆書きができる。

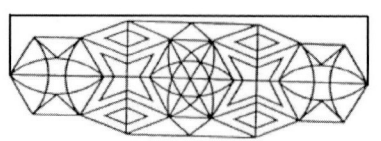

「4色問題」というものがあり，K. アペルと W. ハーケン (1976) による証明が示されている。この問題は，ヨーロッパのように多くの国が屹立（きつりつ）しているような地域の地図において，隣り合う国を異なる色で区別するためには何色が必要かという素朴な疑問に端を発し，二人は4色ですむということをコンピュータを用いて証明した。一般に，隣接する領域を異なる色に塗り分けるとき，$k$ 色で彩色できる場合を **$k$ 色彩色可能** とよぶ。以下，地図とその国境線がつくるグラフを同一視する。

**定理 2.2.**　地図が2色彩色可能であるための必要十分条件は，それがオイラー・グラフであることである。

○**例 2.1.** 下図は練習問題 Ⅳ.7 のグラフを，2色 (グレー，白) で塗り分けたものである。領域の外側は，すべて白で塗ってあり，平面全体を塗り分けている。

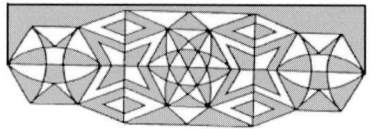

ここまで，オイラー・グラフの問題を紹介した。これらの証明は，**数学的帰納法**によってなされる。参考までに定理 2.1 の証明をあげておく。

---

7)　例 2.1 の図とともに，高木貞治著「数学小景」岩波書店 (1943) より引用。

## 定理 2.1 の証明.

オイラー・グラフ $\Rightarrow$ すべての頂点の次数が偶数

$G$ をオイラー・グラフとする。$G$ の各頂点 $v$ に対して，$v$ に入る辺と出る辺がある。すべての辺を 1 度ずつ通るので $v$ の次数は偶数となる。

すべての頂点の次数が偶数 $\Rightarrow$ オイラー・グラフ

辺の数 $k$ に関する帰納法で証明する。すべての頂点の次数が偶数なので $k \geq 2$ である。$k = 2$ のときにオイラー・グラフなのは明らか。

以下 $k < n$ のとき上述の主張を仮定し，$k = n$ のときもこの主張が成立することを示す。

最初に，すべての頂点の次数が偶数であるからグラフ $G$ は閉路 $C$ をもつことに注意する。実際，行き止まりがないので，適当な頂点からスタートしてつながった点に移動していけば，いつかは通った点のどこかに戻ってくる。そこで $G$ から $C$ を除いたグラフを $G \backslash C$ とおく。

帰納法の仮定より，$G \backslash C$ の各連結成分 $H$ にはオイラー閉路 (オイラー・グラフになっている閉路) $\widetilde{C}$ が存在する。そこで，$C$ をまわりつつ $H$ との共通点に到達したら $\widetilde{C}$ を 1 周してもとの頂点に戻ってくることで一筆書きが構成できる。　　　　　　　　　　　　　　　　　　　　　　　　　　　□

オイラー・グラフの実用例として，都市の観光案内で，いろいろな観光スポットをまわるために一筆書きの道順を案内していることがある[8]。また，道路の散水や除雪のように，一度で全部の道をまわる必要のあるときにも，効率のよい道順をみつけることができる。他にも多種多様な例があるが，**一筆書き多項式**とよばれる方法により，オイラー・グラフ，ハミルトン・グラフをあわせたようなグラフを作ることで，暗号の一種としての活用が提案されている (例 2.4 参照)。

次に，ハミルトン・グラフについて説明する。図 IV.2[9] は出発点に戻ってきていないので，閉路にはなっていない。一般に**半ハミルトン・グラフ** (semi-Hamiltonian graph) とよばれているものである。

ハミルトン・グラフの問題は，難易度が一筆書き (オイラー・グラフ) よりも増

---

8) `https://www.google.com/travel/` も参照。

9) 2014 まちかね祭 (大阪大学の文化祭) のパンフレットより引用。

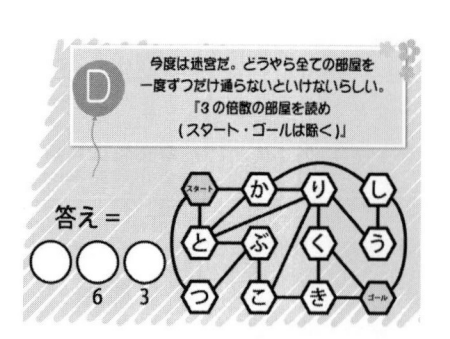

図 **IV.2**　半ハミルトン・グラフの例

している。実際, このハミルトン閉路問題は "NP 完全" になっており, "P ≠ NP
予想" に関係する難問で, クレイ数学研究所のミレニアム懸賞問題[10]の一つに
もなっている。なお, 解法を与える決定的なアルゴリズムは現時点で知られてい
ない。ここでは判定条件 (十分条件) の一つとして, 次のオール (Øystein Ore)
による定理を紹介する。

　**定理 2.3**. 単純グラフ $G$ に $n \geq 3$ 個の点があるとする。このとき, 隣接して
いない任意の 2 点 $v, w$ に対して

$$\deg(v) + \deg(w) \geq n$$

が成り立つとき, $G$ は閉ハミルトン・グラフ (ハミルトン・グラフとなってい
る閉路) である。

○**例 2.2** (プラトニックソリッド (Platonic
Solid), オクタヘドロン (Octahedron)). 右図
はハミルトン・グラフである。実際, 頂点は 6
個あり, 隣接していない 2 点に対し

$$\deg(A) + \deg(F) = 4 + 4 \geq 6,$$
$$\deg(B) + \deg(E) = 4 + 4 \geq 6,$$
$$\deg(C) + \deg(D) = 4 + 4 \geq 6$$

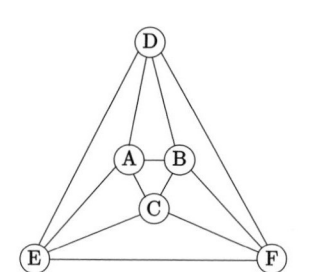

が成り立っている。

---

10)　http://www.claymath.org/millennium-problems

○例 **2.3** (グレッチ (Groetzsch)・グラ
フ). 右図のグラフは，オールの定理 2.3
を満たしていないが，ハミルトン・グラ
フの例である[11]。なお，図で経路が交
差しているが，経路の交点は頂点に入れ
ていない。

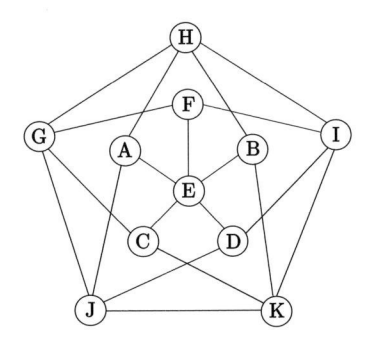

　次の例では，オイラー・グラフかつハミルトン・グラフになるもの (対称群)
が生成される。

○例 **2.4** (**一筆書き多項式**). $f(x) = 4x^3 + x + 1$ に対して $x = 0, 1, 2, \cdots, 7$
を代入し，8 で割った余り $r$ を "$f(x) \equiv r \mod 8$" などと書くと

$$f(0) \equiv 1 \mod 8, \quad f(1) \equiv 6 \mod 8, \quad f(2) \equiv 3 \mod 8,$$
$$f(3) \equiv 0 \mod 8, \quad f(4) \equiv 5 \mod 8, \quad f(5) \equiv 2 \mod 8,$$
$$f(6) \equiv 7 \mod 8, \quad f(7) \equiv 4 \mod 8$$

が成り立つ。

　右図は関数 $f$ で移りあう様子を描い
たものである。一筆書きになっていて，
暗号などで利用されている。一般に，$2^n$
で割った余りに対して一筆書き多項式
になるための必要十分条件が知られて
いる[12]。

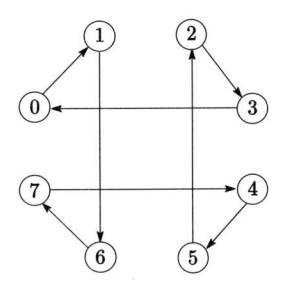

## 2.3 最短経路問題

　グラフ理論を用いた，より実用的な問題をいくつか紹介する。

---

11) 　実際に経路を探すのは大変である。

12) 　A. Iwasaki, K. Umeno, One-stroke polynomials over a ring of modulo $2^w$,
arXiv:1605.03449, 2016.

○例 **2.5.**

(1) **単一始点最短経路問題** (single-source shortest path problem)：　与えられた点から，他の頂点への総移動コスト (重みの和) が最小となる道を求める。(例として，カーナビの経路探索，鉄道の経路案内などがある。)

(2) **巡回セールスマン問題** (traveling salesman problem)：　すべての点をちょうど一度ずつ通って，出発点に戻る総移動コスト (重みの和) が最小となる道を求める。(ハミルトン・グラフの問題に似ているが，総移動コストが最小になるようにする。例として車配送計画ソフトがある。)

次の問題は簡単だが，アルゴリズムが重要である。

○例 **2.6.** 次の図において，点 S から点 G までの最短経路が何通りあるかを網羅的に数えた例である。

**126 通り**　　　　　　　**57 通り**

○例 **2.7.** 次の図は例 2.6 の右の例に対して解法アルゴリズムを適用したものである。ある点に対し，そこにつながっている経路のもとの点まで何通りあるかをみて，それらを加える。この手続きを繰り返すと，すべての点までの最短経路の本数も同時にわかる。

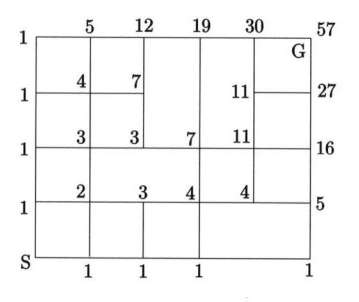

○**例 2.8.** 図 IV.3 のグラフで，点 S から点 G までの最短経路を求めたい。まず，最短経路を見た目でみつけてみよう。

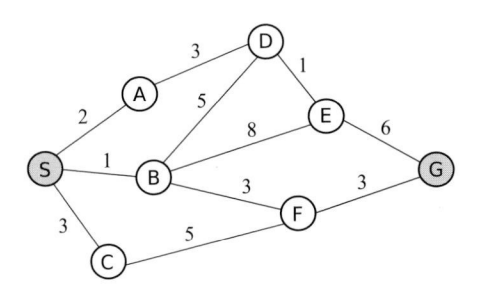

図 **IV.3**　単一始点最短経路問題の例

　この例についても，例 2.6 に近い考え方で，最短経路を求めるアルゴリズムが知られている。今度は経路に重みがあることに注意する。**ダイクストラ法** (Dijkstra's algorithm) は，各点への最短経路を始点の周辺から 1 箇所ずつ確定し，最短経路が判明する点の範囲を徐々に広げていく方法である。次の定理は，E.W. ダイクストラ (1959) によるものである。

　**定理 2.4.** 連結なグラフに対し，各辺の重みを 0 以上とする。そのとき，次の手順で，単一始点最短経路問題を解くことができる。
(Step1) 始点の距離を 0 とおく。他の点は，未確定点とする。
(Step2) 始点を確定点とする。
(Step3) 確定点から「隣接している」かつ「未確定」点に対して，いま確定した場所を経由した場合の距離を計算し，いままでの距離よりも小さければ書き直す。
(Step4) 未確定の点の中から，距離が最も小さい点を選んで，その距離を「その点までの最短距離」として確定点とする。最小値をもつ点が複数ある場合は，そのなかのどれか一つ選ぶ。
(Step5) すべての点が確定すれば終了し，そうでなければ (Step3) に戻る。

　以下は，例 2.8 のグラフの最短経路を実際にダイクストラ法で解いてみたものである。

まず, 始点を**確定点★**とする。

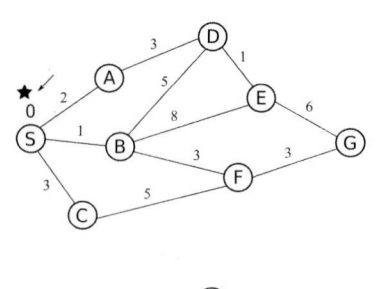

　いま, **確定した点★**に隣接する点への距離を書き込む。

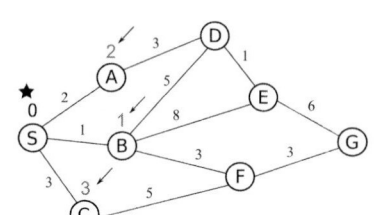

3 つの未確定点のうち, 最小のものを**確定点★**とする。

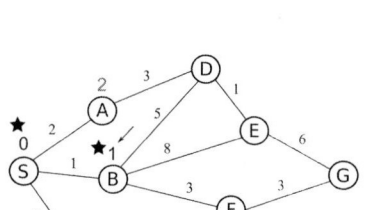

　いま, **確定した点★**に隣接する点への距離を書き込む。

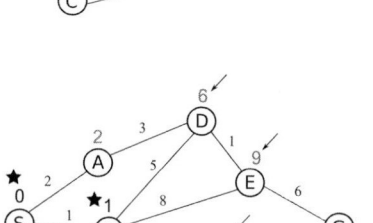

5 つの未確定点のうち, 最小のものを**確定点★**とする。

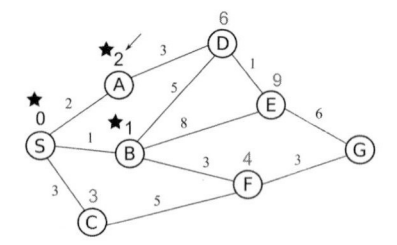

　いま，**確定した点★に隣接する点への
距離を書き込む。**
(注意：<u>距離がいままでの距離よりも小
さくなった点 D は書き直す</u>。右図では，
6 を消して 5 に書き直す。)

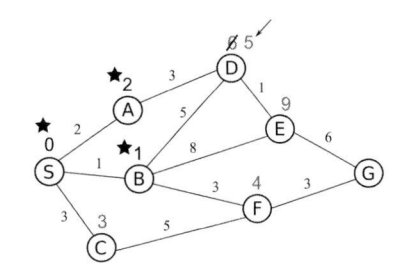

4 つの未確定点のうち，最小のものを
**確定点★とする。**

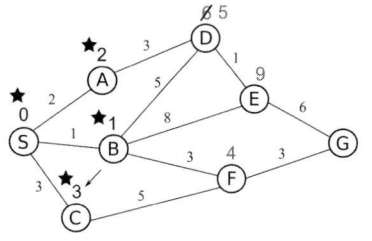

　いま，**確定した点★に隣接する点への
距離を書き込む。**
(注意：<u>点 F では</u>，新たに求めた距離は
8 なので，書き直す必要はない。)

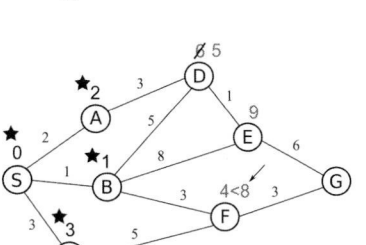

3 つの未確定点のうち，最小のものを
**確定点★とする。**

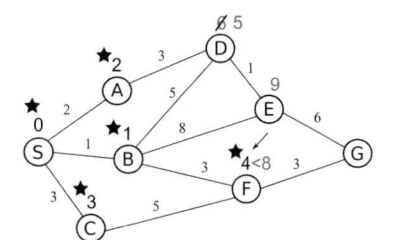

　いま，**確定した点★に隣接する点への
距離を書き込む。**

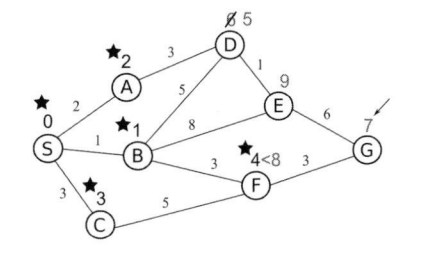

3 つの未確定点のうち，最小のものを
確定点★とする。

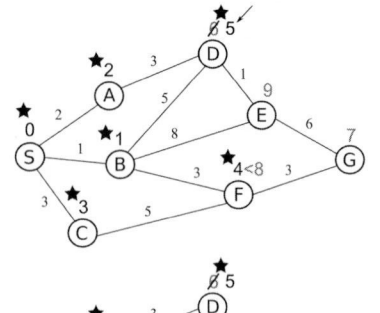

　いま，確定した点★に隣接する点への
距離を書き込む。
(注意：距離がいままでの距離より小さ
くなった点 E は書き直す。9 を消して
6 に書き直す。)

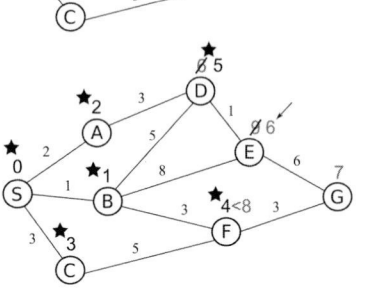

2 つの未確定点のうち，最小のものを
確定点★とする。

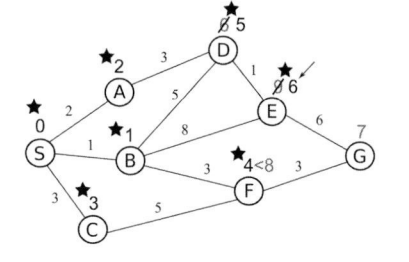

　いま，確定した点★に隣接する点への
距離を書き込む。
(注意：点 G (Goal) では新たに求めた
距離は 12 なので書き直す必要はない。)

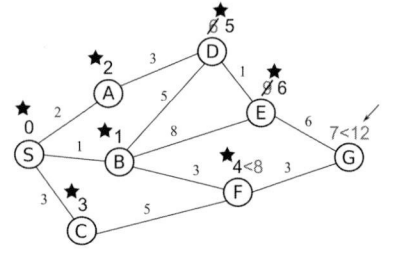

未確定点のうち，最小のものを確定点★
とする。G までの距離は 7 と求められ
る。一連の探索を逆方向に遡ると最短経
路は S—B—F—G

　　　　　　　　　　　　　　　(終 了)

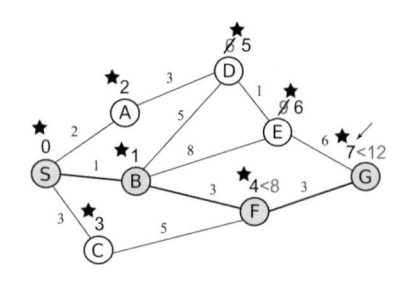

## 2.4 距離の利用

コンピュータやインターネット上で利用されている技術では，様々な場面で「距離」という数学概念が使われている。"距離"とは何だろうか。これまで知っている図形や点は集合 (モノの集まり) のことであるが，距離というのはその要素間の近い／遠いを判定するものである。例えば，3 つの要素からなる集合を考えよう。

$$\{\text{阪大, 石橋駅, ニューヨーク}\}$$

おそらく，阪大と石橋駅は近いがニューヨークは遠いと考えるだろう。これは物理的な距離をみてそう思っているのであり，遠近は距離で測るのが考えやすい。

距離の考え方を一般化しよう。数学でいう"距離"は，物理的な最短距離を抽象化したものである。集合上の要素に対して距離を考えようとすると，2 点 (2 つの要素) に対して 0 以上の数を対応させる必要がある。わかりやすい例は平面上の距離 $d$ であるが，球面上で 2 点間を結ぶ (最短) 距離 $d$ が，大円の一部の長さになるであろうことも直感的にわかる。ここで，A, B 間の距離を $d(A, B)$ と書くことにする。

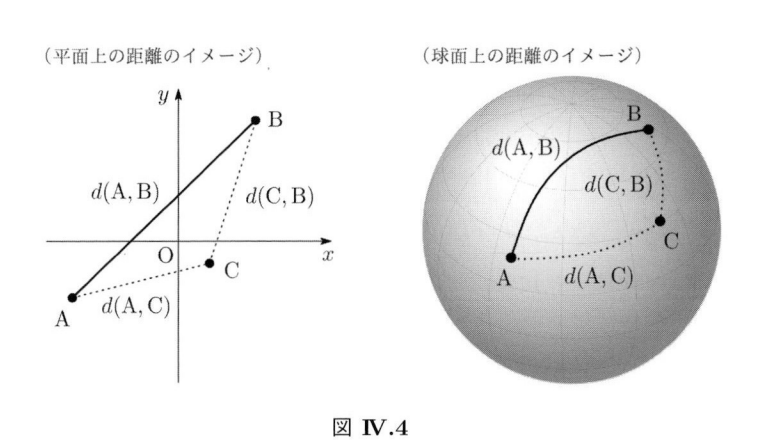

図 **IV**.4

ここで上記で考えた距離において気づいたことを書いていくと，まず，距離 $d(A, B) = 0$ なら動いていないので，

$$A = B,$$

次に，行き帰りともに同じ距離になるので，

$$d(\mathrm{A}, \mathrm{B}) = d(\mathrm{B}, \mathrm{A}),$$

最後に，C に寄り道すると遠くなるので

$$d(\mathrm{A}, \mathrm{B}) \leq d(\mathrm{A}, \mathrm{C}) + d(\mathrm{C}, \mathrm{B}).$$

これらのことをすべて満たすと，いわゆる数学的な距離 (空間) が定義できる。

なお，少し補足すると，**集合** (set) とはモノの集まりのことで，

$$S_1 = \{\, \text{リンゴ},\ \text{猫},\ \text{バッタ},\ \text{ワニ},\ \text{サンマ} \,\}$$

などのように，要素を書き並べて表記する方法と

$$S_2 = \{n^2 \mid n\ \text{は自然数全体}\} = \{1, 4, 9, 16, 25, \cdots\}$$

のように，要素の満たす条件を書いて表記する方法がある。

いくつか用語を説明しておく。

・記号 $x \in X$ は，$x$ が集合 $X$ の**要素** (element) であること，あるいは同じことであるが，集合 $X$ が $x$ を要素として含むことを表す。

・集合 $X$ の各要素を集合 $Y$ の要素と対応づけることを**写像** (map) または**関数** (function) といい，$f: x \in X \longmapsto y \in Y$，または $y = f(x)$ と書く。

**定義 2.3 (積集合).** $A$ と $B$ を空でない集合とするとき

$$A \times B = \{(x, y) \mid x \in A,\ y \in B\}$$

を $A$ と $B$ の**積集合** (product set) とよぶ。

○**例 2.9.** $A = \{1, 2, 3\}$, $B = \{4, 5\}$ とするとき

$$A \times B = \{(1, 4),\ (1, 5),\ (2, 4),\ (2, 5),\ (3, 4),\ (3, 5)\}.$$

では，数学的に「距離」を定義しよう。

**定義 2.4 (距離空間).** $X$ を集合とする。このとき，$X \times X$ 上で定義された関数 (写像)

$$
\begin{array}{ccc}
d: X \times X & \longrightarrow & \mathbb{R}_{\geq 0} \\
\cup & & \cup \\
(x, y) & \longmapsto & d(x, y)
\end{array}
$$

が，任意の $x, y, z \in X$ に対し次の 3 つの条件

$$
\begin{cases}
(1) & d(x,y) = 0 \iff x = y, \\
(2) & d(x,y) = d(y,x), \\
(3) & d(x,y) \le d(x,z) + d(z,y) \quad \text{(三角不等式)}
\end{cases}
$$

を満たすとき，関数 $d : X \times X \to \mathbb{R}_{\ge 0}$ を距離とよぶ。ただし，

$$
\mathbb{R}_{\ge 0} = \{x \in \mathbb{R} \mid x \ge 0\}
$$

は $0$ 以上の実数 (real number) $\mathbb{R}$ の集合を表す。集合 $X$ と距離 $d$ が与えられたとき，組 $(X, d)$ を距離空間 (metric space) とよぶ。

●例題 **2.3** (平面). $\mathbb{R}^2 = \{(a,b) \mid a,b \in \mathbb{R}\}$ に対し

$$
d((a_1, b_1), (a_2, b_2)) = \sqrt{(a_2 - a_1)^2 + (b_2 - b_1)^2}
$$

は距離となり，$(\mathbb{R}^2, d)$ は距離空間となる。

　証明. $x = (a_1, b_1)$, $y = (a_2, b_2) \in \mathbb{R}^2$ とすると，$d(x,y) \ge 0$ は明らか。定義 2.4 の (1), (2), (3) を調べる。

　(1) は，

$$
\begin{aligned}
d(x,y) = 0 &\iff \sqrt{(a_2 - a_1)^2 + (b_2 - b_1)^2} = 0 \\
&\iff (a_2 - a_1)^2 + (b_2 - b_1)^2 = 0 \\
&\iff a_1 = a_2 \text{ かつ } b_1 = b_2 \\
&\iff x = y
\end{aligned}
$$

より得られる。

　次に (2) は，$x = (a_1, b_1)$, $y = (a_2, b_2) \in \mathbb{R}^2$ とし，$d(x,y) = d(y,x)$ を示せばよい。実際，

$$
\begin{aligned}
(左辺) - (右辺) &= d(x,y) - d(y,x) \\
&= \sqrt{(a_2 - a_1)^2 + (b_2 - b_1)^2} - \sqrt{(a_1 - a_2)^2 + (b_1 - b_2)^2} \\
&= 0
\end{aligned}
$$

より，$d(x,y) = d(y,x)$ が得られる。

　最後に (3) は，$x = (a_1, b_1)$, $y = (a_2, b_2)$, $z = (a_3, b_3) \in \mathbb{R}^2$ として，$d(x,y) \le d(x,z) + d(z,y)$ を示す。両辺ともに $0$ 以上であるから，$2$ 乗して比較する。

$$
\begin{aligned}
(右辺)^2 - (左辺)^2 &= d(x,z)^2 + d(z,y)^2 + 2d(x,z)d(z,y) - d(x,y)^2 \\
&= \cdots
\end{aligned}
$$

$$= 2\sqrt{(a_3 - a_1)^2 + (b_3 - b_1)^2}\sqrt{(a_3 - a_2)^2 + (b_3 - b_2)^2}$$
$$+ 2\{(a_3 - a_1)(a_3 - a_2) + (b_3 - b_1)(b_3 - b_2)\} \quad \cdots (*)$$

ここでコーシー・シュワルツの不等式

$$|p_1 p_2 + q_1 q_2| \leq \sqrt{p_1^2 + q_1^2}\sqrt{p_2^2 + q_2^2}$$

によって,

$$\sqrt{p_1^2 + q_1^2}\sqrt{p_2^2 + q_2^2} - |p_1 p_2 + q_1 q_2| \geq 0$$

であるから, $p_1 = a_3 - a_1,\ p_2 = a_3 - a_2,\ q_1 = b_3 - b_1,\ q_2 = b_3 - b_2$ とおけば $(*) \geq 0$ となる。                                                                      □

**★練習問題 IV.8.** 実数 $p_1, p_2, q_1, q_2$ に対して, **コーシー・シュワルツ** (Cauchy-Schwarz) の不等式

$$|p_1 p_2 + q_1 q_2| \leq \sqrt{p_1^2 + q_1^2}\sqrt{p_2^2 + q_2^2}$$

が成り立つことを示せ。(Hint. $(右辺)^2 - (左辺)^2 \geq 0$ を示す。)

**★練習問題 IV.9.** $\mathbb{R}^2 = \{(a, b) \mid a, b \in \mathbb{R}\}$ に対し

$$d((a_1, b_1), (a_2, b_2)) = |a_2 - a_1| + |b_2 - b_1|$$

は距離となることを示せ。

　上記の練習問題 IV.9 の距離を**マンハッタン距離**という。マンハッタンのような正方形のブロックに区分された都市における自動車の移動距離に由来する。ある角から東に 3 ブロック, 北に 6 ブロックの位置にある角まで移動するには, いかなる経路をたどっても最低 9 ブロック (距離) を通過しなければならない。

　例題 2.3 や上記の練習問題でみたように, 同じ集合であっても違う距離を入れることが可能になる。微分幾何学とよばれる曲がった図形の解析や関数解析学とよばれる分野など, 距離を入れることが基本になっている。実用でも多くの例があるので, 情報理論の「誤り訂正」で用いられる例を紹介しよう。

○**例 2.10** (**ハミング距離** (Hamming distance)). 文字の集合に距離を入れてみよう。$X$ を (アルファベット全体の集合) とする。

$$X = \{a, b, c, d, e, \cdots, y, z\}$$

$\alpha, \beta \in X^6$ (6 文字の単語の集合) に対し

$$d(\alpha, \beta) = (単語 \ \alpha \ と \ \beta \ の間の異なる文字数)$$

とすると $d$ は距離となり，$(X^6, d)$ は距離空間となる。(演習：証明せよ！)

例えば，clever と crever は l と r が 1 文字違うので

$$d(\text{clever}, \text{crever}) = 1$$

となる。また，finger と flower は 3 文字違うので

$$d(\text{finger}, \text{flower}) = 3$$

である。ちなみに，Google で "crever" と入れて検索すると，ハミング距離っぽく検索されている (「ハミングバード」とよんでいる) (図 IV.5)[13]。

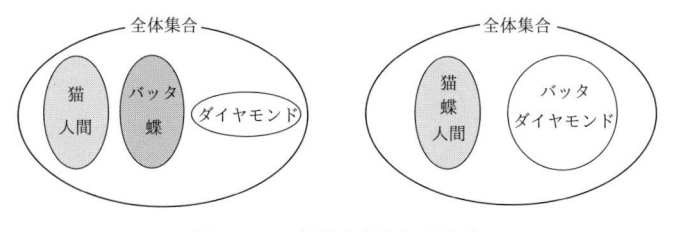

**「crever」に関連するキーワード**

crever 意味　　clever
creve 意味　　賢い 英語
craver

図 **IV.5**　検索結果の一例

ところで，いつでも距離で遠近を測るのがよいのだろうか。この疑問に答えるために，5 つの要素からなる集合

$$\{\, 猫, 人間, バッタ, 蝶, ダイヤモンド \,\}$$

を考える。猫と人間は近い (哺乳類)，バッタと蝶は近い (昆虫) と考える人もいるだろう (図 IV.6 左)。もしくは，漢字だから猫，人間，蝶は近く，バッタとダ

図 **IV.6**　全体集合と部分集合

---

13)　図 IV.5 の Google および Google ロゴは Google Inc. の登録商標である (同社の許可を得て使用)。

イヤモンドはカタカナだから近いと思う人もいるだろう (図 IV.6 右)。

　どちらの考え方も間違っているとはいえないが，遠近を距離で測るのは不自然な感じがする。この場合には，"近い"という考え方を同じ部分集合の集まりに含まれるということで表現するほうが自然だろう。この表現法をさらに進めた概念は**位相** (topology) とよばれ，距離のさらなる一般化として考えられている。集合間の距離については §7 でもふれる。

★**練習問題 IV.10.** 正 7 角形の辺と対角線でグラフを作り，2 色彩色することで，オイラー・グラフ (一筆書き可能) であることを示せ。

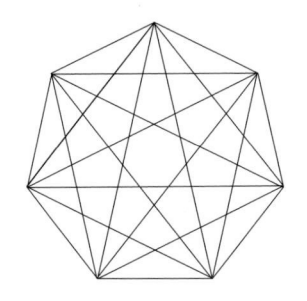

★**練習問題 IV.11.** 自分の苗字をローマ字にしたうえで，同じ文字数の言葉を 1 つ書き，ハミング距離を求めよ。

★**練習問題 IV.12.** 以下のグラフにおいて，□ に好きな正の数を書き，ダイクストラ法により点 S から各点への最短距離を求めよ。

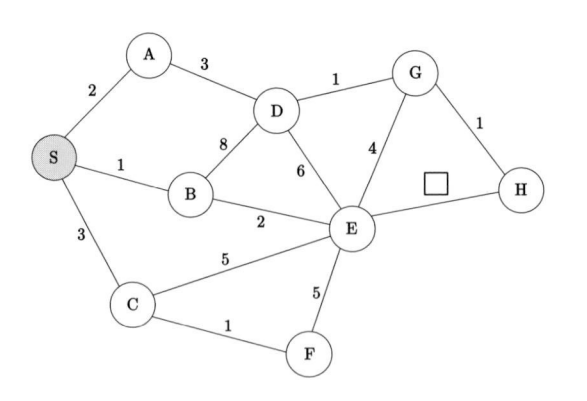

(答) 点 A　　　点 B　　　点 C　　　点 D　　　点 E　　　点 F　　　点 G　　　点 H

# 3. 数理基礎

## 3.1 行　列

　ベクトルと行列はデータサイエンスの基本ツールであり，本節ではその操作を確認する。

　数字 (要素) を，縦に $m$ 行，横に $n$ 列並べて表したものを ($m$ 行 $n$ 列の) **行列** (matrix) とよぶ。特に，横に並んだ一筋を**行**，縦に並んだ一筋を**列**とよぶ。書き並べられた要素は行列の**成分**とよび，行列の第 $i$ 行目，$j$ 列目の成分を特に行列の $(i, j)$ **成分**という。行列の $(i, j)$ 成分は $a_{ij}$ のように 2 つの添字を単に横並びに書くが，誤解を避けるために添字の間にコンマを入れることもある。

　一般に，$m$ 行 $n$ 列の行列は

$$\begin{pmatrix} a_{11} & a_{12} & \cdots & a_{1n} \\ a_{21} & a_{22} & \cdots & a_{2n} \\ \vdots & \vdots & \ddots & \vdots \\ a_{m1} & a_{m2} & \cdots & a_{mn} \end{pmatrix} = \big(a_{ij}\big)_{\substack{i=1,\cdots,m \\ j=1,\cdots,n}}$$

のように書く。混乱のないときはさらに省略して $\big(a_{ij}\big)$ と書くこともある。

　特に，$n$ 行 1 列の行列を**ベクトル** (vector) と同一視する。例えば，

$$\begin{pmatrix} 1 \\ 2 \\ 3 \\ -4 \end{pmatrix}$$

は 4 次元のベクトルで，成分の個数がベクトルの次元に対応する。なお，すべての成分が 0 であるベクトルを**零ベクトル**といい，$\mathbf{0}$ で表す。

　ベクトルや行列に関する数学的理論については，線形代数学とよばれる分野で学習する。

○**例 3.1.** $\qquad \begin{pmatrix} 1 & 2 & 3 & 4 & 5 \\ 6 & 7 & 8 & 9 & 10 \end{pmatrix}$

は，2 行 5 列の行列である。$(2, 5)$ 型または $2 \times 5$ 型の行列ともよばれる。この例では，1 行 5 列目は 5，したがって $a_{15} = 5$ であり，2 行 3 列目は 8，したがって $a_{23} = 8$ である。

　通常は行列の成分は実数や複素数である。もちろん，成分がとりうる値は一般化できる[14]。

○**例 3.2.**
$$\begin{pmatrix} 3 & 0.1 \\ -2 & 4 \end{pmatrix}$$

は 2 行 2 列の行列で，このように行と列の数が同じである行列は**正方行列**とよばれる。この例では 1 行 2 列目は 0.1，したがって $a_{12} = 0.1$．また，2 行 1 列目は $-2$，したがって $a_{21} = -2$ である。

★**練習問題 IV.13.** 3 行 2 列の行列の具体例を一つ書け。

★**練習問題 IV.14.** $a_{12} = 3$ となるような，2 行 2 列の正方行列の具体例を一つ書け。

### 3.2　行列の加法，減法，スカラー倍

　2 つの行列は，それが同じ型をもつならば互いに加えることができ，この算法を行列の**加法**，演算の結果を**和**という。異なる型の行列に対しては和は定義されない。詳しくは，$m$ 行 $n$ 列の行列どうしの和を，成分ごとの和

$$A + B = \left( a_{ij} + b_{ij} \right)_{\substack{i=1,\cdots,m \\ j=1,\cdots,n}}$$

と定義する。したがって

$$\begin{pmatrix} 5 & 6 \\ -7 & 8 \end{pmatrix} + \begin{pmatrix} 1 & -2 \\ 3 & -4 \end{pmatrix} = \begin{pmatrix} 5+1 & 6+(-2) \\ -7+3 & 8+(-4) \end{pmatrix} = \begin{pmatrix} 6 & 4 \\ -4 & 4 \end{pmatrix}$$

などとなる。

　2 つの行列は，それが同じ型をもつならば差を計算でき，この算法を行列の**減法**，演算の結果を**差**という。異なる型の行列に対しては差は定義されない。詳しくは，$m$ 行 $n$ 列の行列どうしの差を，成分ごとの差

$$A - B = \left( a_{ij} - b_{ij} \right)_{\substack{i=1,\cdots,m \\ j=1,\cdots,n}}$$

と定義する。例えば

$$\begin{pmatrix} 5 & 6 \\ -7 & 8 \end{pmatrix} - \begin{pmatrix} 1 & -2 \\ 3 & -4 \end{pmatrix} = \begin{pmatrix} 5-1 & 6-(-2) \\ -7-3 & 8-(-4) \end{pmatrix} = \begin{pmatrix} 4 & 8 \\ -10 & 12 \end{pmatrix}$$

である。

---

14)　大抵の場合，体または可換環とよばれる集合の元をとる。

　**スカラー倍**は定数倍の意味で, 行列の各成分に1つのスカラー (数) を掛ける。したがって, $\lambda$ をスカラーとすると

$$\lambda A = \left(\lambda a_{ij}\right)_{\substack{i=1,\cdots,m\\j=1,\cdots,n}}$$

であり, 例えば

$$5 \cdot \begin{pmatrix} 1 & -3 & 2 \\ 1 & 2 & 7 \end{pmatrix} = \begin{pmatrix} 5\cdot1 & 5\cdot(-3) & 5\cdot2 \\ 5\cdot1 & 5\cdot2 & 5\cdot7 \end{pmatrix} = \begin{pmatrix} 5 & -15 & 10 \\ 5 & 10 & 35 \end{pmatrix}$$

である。

　行列の演算では, 以上の加法, 減法, スカラー倍を繰り返して使用する.

●**例題 3.1.** $\quad \begin{pmatrix} 1 & 2 \\ -5 & -0.5 \end{pmatrix} + \begin{pmatrix} 2 & -3 \\ 1 & 0.5 \end{pmatrix} = \begin{pmatrix} 3 & -1 \\ -4 & 0 \end{pmatrix}$

●**例題 3.2.**

$$2\begin{pmatrix} 1 & 2 & 3 & 0.1 \\ 4 & 5 & 6 & \pi \\ 7 & 8 & 9 & a \end{pmatrix} - 3\begin{pmatrix} 1 & -2 & -5 & \pi \\ 1 & 0.5 & b & -2 \\ -2.1 & c & 1 & 4 \end{pmatrix} + \begin{pmatrix} 8 & 7 & -c & 2\pi \\ 1.1 & 0.2 & d & 6 \\ -2 & e & f & g \end{pmatrix}$$

$$=\begin{pmatrix} 7 & 17 & 21-c & 0.2-\pi \\ 6.1 & 8.7 & 12-3b+d & 12+2\pi \\ 19.3 & 16-3c+e & 15+f & -12+2a+g \end{pmatrix}$$

## 3.3 行列の積

　$n$ 行 $m$ 列 $(n \times m)$ の行列 $A$ と $m$ 行 $p$ 列 $(m \times p)$ の行列 $B$ を

$$A = \begin{pmatrix} a_{11} & a_{12} & \cdots & a_{1m} \\ a_{21} & a_{22} & \cdots & a_{2m} \\ \vdots & \vdots & \ddots & \vdots \\ a_{n1} & a_{n2} & \cdots & a_{nm} \end{pmatrix}, \quad B = \begin{pmatrix} b_{11} & b_{12} & \cdots & b_{1p} \\ b_{21} & b_{22} & \cdots & b_{2p} \\ \vdots & \vdots & \ddots & \vdots \\ b_{m1} & b_{m2} & \cdots & b_{mp} \end{pmatrix}$$

とするとき, これらの行列の**積** $AB$ は, 各 $(i,j)$ 成分 $c_{ij}$ が $A$ の第 $i$ 行に横に並ぶ成分 $a_{ik}$ と $B$ の第 $j$ 列に縦に並ぶ成分 $b_{kj}$ を $k = 1, 2, \cdots, m$ にわたって足し合わせた和

$$c_{ij} = \sum_{k=1}^{m} a_{ik} b_{kj}$$

を成分とする $n$ 行 $p$ 列 $(n \times p)$ の行列

$$AB = \begin{pmatrix} c_{11} & c_{12} & \cdots & c_{1p} \\ c_{21} & c_{22} & \cdots & c_{2p} \\ \vdots & \vdots & \ddots & \vdots \\ c_{n1} & c_{n2} & \cdots & c_{np} \end{pmatrix}$$

で定義される (図 IV.7)。

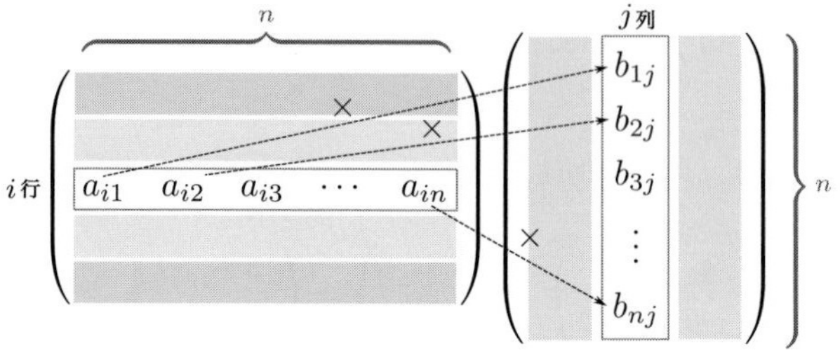

前の行列を横で区切り，後ろの行列を縦で区切る

後ろの列を倒して，前の行にあわせて，掛けて加える

$$c_{ij} = a_{i1}b_{1j} + a_{i2}b_{2j} + a_{i3}b_{3j} + \cdots + a_{in}b_{nj}$$

図 **IV.7**    行列積の計算過程

●例題 **3.3.**

$$\begin{pmatrix} 1 & 2 \\ 3 & 4 \end{pmatrix} \begin{pmatrix} 5 & 6 \\ 7 & 8 \end{pmatrix} = \begin{pmatrix} 1 \times 5 + 2 \times 7 & 1 \times 6 + 2 \times 8 \\ 3 \times 5 + 4 \times 7 & \boxed{\phantom{xxxx}} \end{pmatrix} = \begin{pmatrix} 19 & 22 \\ 43 & 50 \end{pmatrix}$$

●例題 **3.4.**    $$\begin{pmatrix} 1 & 2 \\ -5 & -0.5 \end{pmatrix} \begin{pmatrix} 2 & -3 \\ 1 & 0.5 \end{pmatrix} = \begin{pmatrix} 4 & -2 \\ -10.5 & 14.75 \end{pmatrix}$$

●例題 **3.5.**

$$\begin{pmatrix} 1 & 2 & -3 \\ 4 & -5 & 6 \\ 7 & 8 & 9 \\ a & \pi & b \end{pmatrix} \begin{pmatrix} -5 & 0.6 & 1 & 7 \\ 0 & -1 & b & c \\ -\pi & a & 3 & -2 \end{pmatrix}$$

$$= \begin{pmatrix} -5+3\pi & -1.4-3a & -8+2b & 13+2c \\ -20-6\pi & -2.6+6a & 22-5b & 16-5c \\ -35-9\pi & -3.8+9a & 34+8b & 31+8c \\ -5a-\pi b & -\pi+0.6a+ab & a+3b+\pi b & 7a-2b+c\pi \end{pmatrix}$$

なお, 行列の積においては, <u>一般に交換法則が成り立たない</u>, つまり $AB \neq BA$ であることに注意しよう。

**★練習問題 IV.15.** 次の行列の積を計算せよ。

$$\begin{pmatrix} 1 & 0 & 1 \\ 2 & 1 & 0 \\ 1 & -1 & 2 \end{pmatrix} \begin{pmatrix} -2 & 1 & 1 \\ 4 & -1 & -2 \\ 3 & -1 & -1 \end{pmatrix}$$

**★練習問題 IV.16.** 次の行列の積を計算せよ。

$$\begin{pmatrix} 2 & 1 & -3 \\ 3 & -2 & 4 \end{pmatrix} \begin{pmatrix} 1 & 5 \\ 4 & 3 \\ 2 & 1 \end{pmatrix}$$

### 3.4 零行列, 単位行列と逆行列

すべての成分が 0 である行列を**零行列**とよび, $O$ と表す。例えば,

$$O = \begin{pmatrix} 0 & 0 \\ 0 & 0 \end{pmatrix}, \quad \begin{pmatrix} 0 & 0 & 0 \\ 0 & 0 & 0 \\ 0 & 0 & 0 \end{pmatrix}$$

である。零行列 $O$ は他の行列 $A$ に対して

$$A + O = O + A = A, \quad AO = OA = O$$

を満たす。

$n$ 行 $n$ 列 $(n \times n)$ の正方行列で, 対角成分 $a_{ii}$ $(i = 1, 2, \cdots, n)$ が 1 になり, 他の成分 $a_{ij}$ $(i \neq j)$ が 0 になるものを**単位行列**とよび, $I$ と表す。2 行 2 列 $\begin{pmatrix} a_{11} & a_{12} \\ a_{21} & a_{22} \end{pmatrix}$ の単位行列は $\begin{pmatrix} 1 & 0 \\ 0 & 1 \end{pmatrix}$ であり, 3 行 3 列 $\begin{pmatrix} a_{11} & a_{12} & a_{13} \\ a_{21} & a_{22} & a_{23} \\ a_{31} & a_{32} & a_{33} \end{pmatrix}$

の単位行列は $\begin{pmatrix} 1 & 0 & 0 \\ 0 & 1 & 0 \\ 0 & 0 & 1 \end{pmatrix}$ である。単位行列 $I$ は他の行列 $A$ に対して

$$IA = AI = A$$

を満たす。

$n$ 行 $n$ 列の行列 $A$ に対して,

$$AB = BA = I$$

となるような，$n$ 行 $n$ 列の行列 $B$ を $A$ の**逆行列**とよび，$A^{-1}$ と表す。2 行 2 列については次の公式が成り立つ。

定理 3.1. 行列

$$A = \begin{pmatrix} a & b \\ c & d \end{pmatrix}$$

に対して，$ad - bc \neq 0$ ならば

$$A^{-1} = \begin{pmatrix} a & b \\ c & d \end{pmatrix}^{-1} = \frac{1}{ad - bc} \begin{pmatrix} d & -b \\ -c & a \end{pmatrix}$$

となる。

証明. 上で定めた $A^{-1}$ に対して，$A^{-1}A$ を計算してみると

$$A^{-1}A = \frac{1}{ad - bc} \begin{pmatrix} d & -b \\ -c & a \end{pmatrix} \begin{pmatrix} a & b \\ c & d \end{pmatrix}$$

$$= \frac{1}{ad - bc} \begin{pmatrix} ad - bc & 0 \\ 0 & ad - bc \end{pmatrix}$$

$$= \begin{pmatrix} 1 & 0 \\ 0 & 1 \end{pmatrix} = I.$$

同様に，$AA^{-1} = I$ も確かめられる。　　　　　　　　　　　　　　□

なお，定理 3.1 で $ad - bc = 0$ のときは逆行列は存在しない。

★練習問題 **IV.17.** 次の行列の積を計算せよ。

$$\begin{pmatrix} 1 & 0 & 0 \\ 0 & 1 & 0 \\ 0 & 0 & 1 \end{pmatrix} \begin{pmatrix} -2 & 1 & 1 \\ 4 & -1 & -2 \\ 3 & -1 & -1 \end{pmatrix} \qquad [\text{答は} \quad \begin{pmatrix} -2 & 1 & 1 \\ 4 & -1 & -2 \\ 3 & -1 & -1 \end{pmatrix}.]$$

★練習問題 **IV.18.** 定理 3.1 を用いて次の逆行列を求めよ。

$$\begin{pmatrix} 2 & 1 \\ 3 & -5 \end{pmatrix}^{-1} \qquad [\text{答は} \quad \begin{pmatrix} \frac{5}{13} & \frac{1}{13} \\ \frac{3}{13} & -\frac{2}{13} \end{pmatrix}.]$$

★練習問題 **IV.19.** 前問題で求めた逆行列と $\begin{pmatrix} 2 & 1 \\ 3 & -5 \end{pmatrix}$ の積が単位行列 $\begin{pmatrix} 1 & 0 \\ 0 & 1 \end{pmatrix}$ になることを確かめよ。

# 4. 時系列データ

## 4.1 変 動 要 因

時間の経過に従って観測・測定したデータのことを**時系列データ** (time series data) といい，この時系列データを用いて過去の傾向を分析し，今後の予測に利用する。図 IV.8 のように，年度ごとに人口をまとめたものは時系列データの一つである。

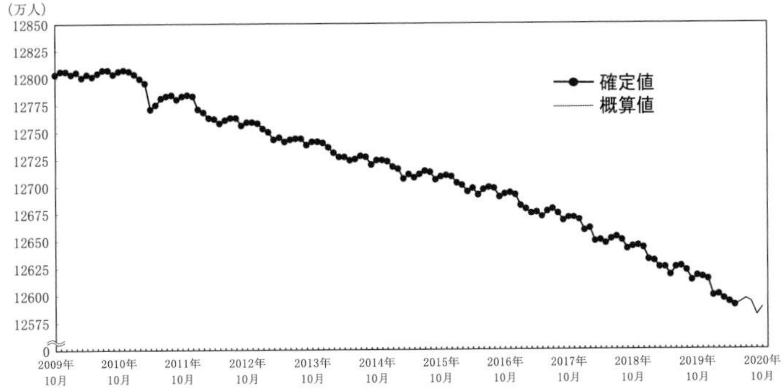

**図 IV.8** 総人口の推移[15]

時系列データは，経済学，社会学，心理学から理系の学問や実学に至るまで，幅広く使われている。いままでに得られた時系列データをみて今後の予測をする必要があるが，100 ％の予測は難しくはずれることも多い。図 IV.8 の人口推移データから，予測としては人口は減るであろうが，この予測の確からしさをそれなりの数値として求める方法を**時系列分析** (time series analysis) とよぶ。この図では，右の端に少しだけ見えている線で，わずかの期間について概算値として人口の推移を予測している。

時間を追って時系列データを描いてみると，変動がみえてくる。それらは 4 つに分類できる。

(1) 傾向変動 (Trend: T, トレンド)

(2) 循環変動 (Cycle: C, サイクル)

(3) 季節変動 (Seasonal: S)

---

15) 「人口推計」—2020 年 (令和 2 年) 10 月報— 総務省統計局 https://www.stat.go.jp/ data/jinsui/new.htm より引用。

(4) 不規則変動 (偶発変動，Irregular: I, ノイズ)

1 つずつ概略を述べる。

〇**例 4.1** (傾向変動)．上昇や下降を示す長期的な変動を**傾向変動**とよぶ。人口の時系列データ (図 IV.8) は下降を示しているので**下降トレンド**，逆に，時系列データが上昇を示しているときは**上昇トレンド**とよばれる。株価などの金融商品についてよく使われる。

〇**例 4.2** (循環変動)．12 か月を超える，ほぼ一定の周期をもつデータの変動を**循環変動**とよぶ。図 IV.9 は，1960 年以降の大統領選と失業率対前年上昇率をまとめた，時系列データである。

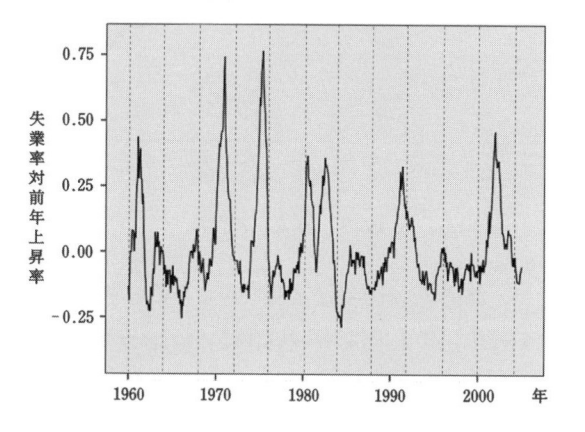

**図 IV.9**　循環変動の例[16]。破線は大統領選挙の年

　大統領選のある 4 年周期で失業率対前年上昇率の周期変動があるといい，"政治的景気循環" などとよんで詳しく研究されている。

　他にも，12 か月を超える周期には，17 年ゼミの大発生や巨大地震の発生周期などでも考察されている。周期が長期になるほど，また系が複雑になるほど予測は困難になる傾向があるが，循環変動は多くのデータに現れる重要な性質である。

---

16)　「スペクトル解析とアメリカにおける政治的景気循環」富崎 隆，駒澤大學法學部研究紀要 (2009)，p.16，図 13–2 を引用。

○例 **4.3** (季節変動). 1年周期の変動を**季節変動**とよぶ。1年が基準なので季節変動とよばれて利用されている。図 IV.10 (口絵図6) は，二酸化炭素濃度を全国3箇所で測定した時系列データである。この図では，夏は植物が活発に活動するので二酸化炭素濃度が低く，冬は二酸化炭素濃度は高いといわれているので，各年ごとに周期がある一方，上昇トレンドもみえる。時系列データは複合的で，様々な変動要因が絡んでいるわけである。

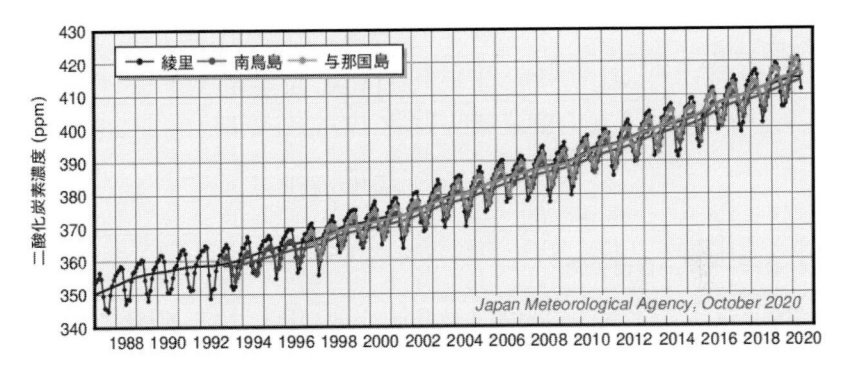

**図 IV.10**　季節変動の例[17]

○例 **4.4** (不規則変動). 傾向変動，循環変動，季節変動では説明のつかない不規則な変動で，突発的な出来事による変動も含まれる。図 IV.11 は，1987年10月19日 (月) ブラックマンデー近辺の株価 (ダウ平均株価) の時系列データである。データが細かく振動しているが，これは代表的な不規則変動である。加えて，ブラックマンデーに突発的な暴落が起きている。(大方の見方では) 予期せぬことであったから，この変動も不規則変動である。不規則変動は**ノイズ**ともよばれ，ランダムであったり，突発的な場合を総称するときに使われる。不規則変動は，変動の大きさには関係しない。

---

17)　気象庁ホームページ http://www.jma.go.jp/jma/index.htm より。
18)　Wikipedia より。https://commons.wikimedia.org/wiki/File:Black_Monday_Dow_Jones.png Public Domain

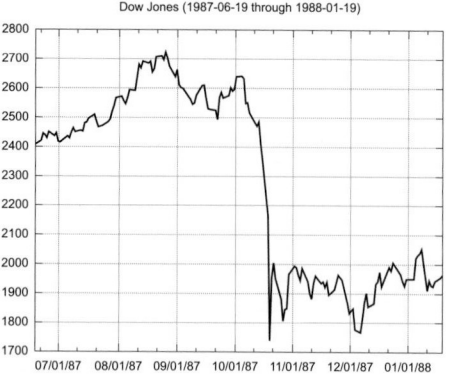

**図 IV.11**　　不規則変動の例[18)]

## 4.2　移動平均，自己相関

　移動平均，自己相関は，いずれも時系列データに対してよく使われる指標である。"ここ 3 日間は寒い" などと表現するが，これなどは 3 日間の気温の平均と考えればよいだろう。数字が

$$14, 19, 21, 17, \underbrace{16, \mathbf{14}, 14}_{\frac{16+\mathbf{14}+14}{3}}, 23, 20, 19$$

などと並んでいるとき，3 項分の平均を考えた言葉である。

　ある時刻ごとに測定した $N$ 個のデータからなる時系列データを考えよう。これは連続的にデータを測定していないので，離散データである。10 日間の気温を毎朝測定したものは，10 個のデータからなる時系列データである。そのとき，$n$ 項の移動平均を次のように定める。

　**定義 4.1 (移動平均)**. 数を $N$ 個並べたものを**数列**とよび，次のように並べて書いておく。時系列データであれば，時間を追って並べて書いていけば，数列になる。

$$a_1, a_2, \cdots, a_{k-1}, a_k, a_{k+1}, \cdots, a_N$$

この数列に対し，$n = 2k + 1$ (奇数個) の移動平均を

$$\mu_i = \frac{a_{i-k} + a_{i-k+1} + \cdots + a_i + \cdots + a_{i+k-1} + a_{i+k}}{n}$$

と定義する。$n = 2k$ (偶数個) のときは，端の値 (一番離れている $a_{i-k}$, $a_{i+k}$) を半分にして加える。

つまり，$\mu_i$ は $i$ 項目のまわりの $n$ 個の項の平均である。3 日間の平均なら，注目している日 $i$ の 前日，当日，翌日 の 3 日間の平均を計算することに対応する。注目する日 $i$ ごとに，$\dfrac{a_{i-1}\,(\text{前日}) + a_i\,(\text{当日}) + a_{i+1}\,(\text{翌日})}{3}$ のように，3 日間の平均を計算すればよい。

○**例 4.5** (新型コロナウイルス感染症データ)．図 IV.12 は新型コロナウイルス感染症の陽性者数のデータを，縦棒グラフで描いたものである (2020/1/16〜11/14)。曲線は 7 日間の移動平均を計算したもので，移動平均の最初は 1/19 からであり，そのときのデータは 1/16〜1/22 (7 日分) のデータの平均を描いている。

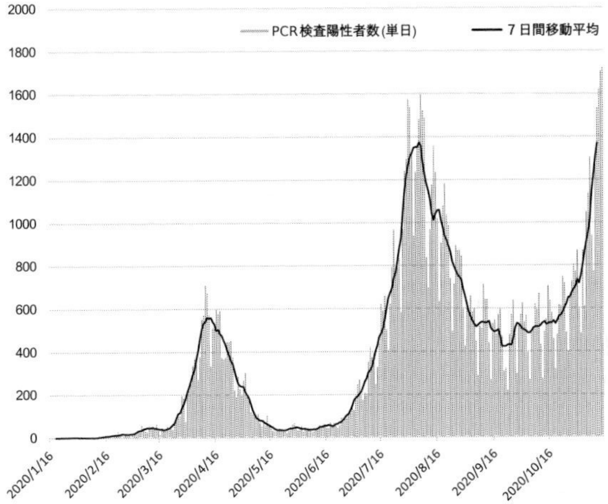

**図 IV.12** Covid-19 PCR 検査陽性者数の推移データ[19]

棒グラフで表されるもとデータでは細かな不規則変動が目立つが，曲線で表される移動平均によって細かなノイズを無視し，大きな変動を取り出している。移動平均は，画像解析のフィルター (filter) とよばれる技術の類似である。移動平均は，社会でも日常生活でもよく目にしているし，感覚的にもわかりやすい。

---

19) 厚生労働省ホームページ https://www.mhlw.go.jp/stf/covid-19/open-data.html より。

●**例題 4.1.** ある店の 7 日間の売り上げが

$$32,\ 42,\ 51,\ 42,\ 34,\ 36,\ 42\ (万円)$$

であったとき，3 日間の移動平均 $\mu_2, \mu_3, \mu_4, \mu_5, \mu_6$ を求めてみる．$\mu_1, \mu_7$ はなく，移動平均は $\mu_2 \sim \mu_6$ になることに注意する．

（答）$\mu_2 = \dfrac{32 + 42 + 51}{3} = \dfrac{125}{3} \fallingdotseq 41.7, \quad \mu_3 = \dfrac{42 + 51 + 42}{3} = \dfrac{135}{3} = 45,$

$\mu_4 = \dfrac{\boxed{\phantom{xxxx}}}{3} = \dfrac{\boxed{\phantom{xx}}}{3} \fallingdotseq 42.3, \quad \mu_5 = \dfrac{\boxed{\phantom{xxxx}}}{3} = \dfrac{\boxed{\phantom{xx}}}{3} \fallingdotseq 37.3,$

$\mu_6 = \dfrac{\boxed{\phantom{xxxx}}}{3} = \dfrac{\boxed{\phantom{xx}}}{3} \fallingdotseq 37.3\,.$

　次に，**自己相関** (autocorrelation function, ACF) について述べよう．時系列データに対しては，移動平均と自己相関から様々な推測を導いたり理論展開することが多い．

　**定義 4.2 (自己相関関数).** 数を $2N$ (偶数) 個並べた数列を時系列データとする．一般には時系列データが偶数個である必要はないが，説明を簡単にするために，ここでは偶数個のデータからなるものとする．

$$a_1, a_2, \cdots, a_{k-1}, a_k, a_{k+1}, \cdots, a_{2N}$$

このとき自己相関関数を，

$$R(j) = \frac{1}{N}\left(a_1 \cdot a_{1+j} + a_2 \cdot a_{2+j} + \cdots + a_N \cdot a_{N+j}\right) \quad (j = 0, 1, 2, \cdots, N)$$

で定める．

　例えば

$$R(0) = \frac{1}{N}\left(a_1^2 + a_2^2 + \cdots + a_N^2\right),$$

$$R(N) = \frac{1}{N}\left(a_1 \cdot a_{1+N} + a_2 \cdot a_{2+N} + \cdots + a_N \cdot a_{2N}\right)$$

である．

　自己相関関数を使うと，周期を見やすくすることができる．信号解析とよばれる分野でもよく使われている．数学の理論としてはフーリエ (Fourier) 解析を適用するが，ここではグラフを用いて説明に代える．

○例 **4.6.** 図 IV.13 は豊中市の降水量 (毎月，2001 年から 2010 年まで) の時系列データで，その自己相関関数を計算してグラフにしてみたのが図 IV.14 である。11 年分，132 か月分のデータがあるので，横軸は $j = 0, 1, 2, \cdots, 66$ になっている。梅雨があるので，もとデータでも周期がみえないわけではないが，自己相関関数 $R(j)$ を用いると，12 か月 (1 年) ごとのピーク ($j = 12, 24, 36, 48, 60$) があり，季節変動がよりみえやすくなっていることがわかる。

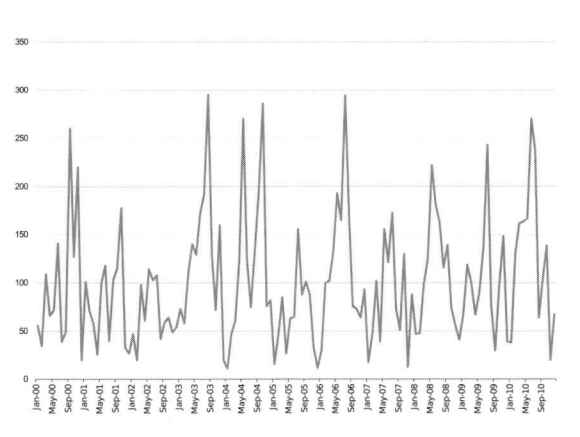

図 **IV.13**　豊中市の降水量の時系列データ[20]

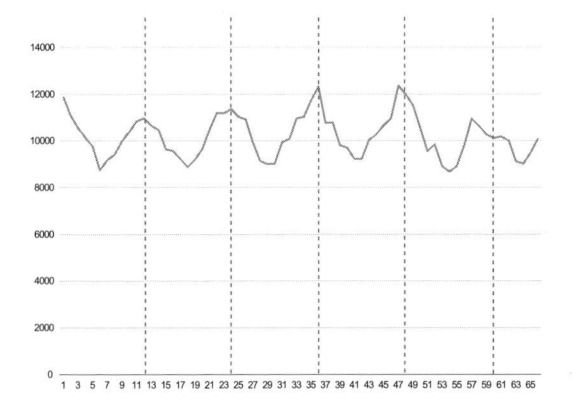

図 **IV.14**　自己相関関数のグラフ。破線はピーク日を表す

---

20)　気象庁ホームページ https://www.data.jma.go.jp/gmd/risk/obsdl/ より。

　例 4.6 のように，自己相関関数のピークを目安に周期を求めるのは，循環変動などの他の周期でも同じである。時系列データには必ずしも周期があるわけでもなく，様々な変動要因が複合的に絡んでいる。各種の要因がどの程度大きいかをみつけることが分析の第一歩であるが，移動平均と自己相関関数はそのための基本手法である。

## 4.3　ノ イ ズ

　時系列データを，前節までと同様に数列

$$a_1,\ a_2,\ \cdots,\ a_{k-1},\ a_k,\ a_{k+1},\ \cdots,\ a_N$$

で表す。不規則変動 (ノイズ) は細かく振動していることが多く，大きな変動はあまり起きないので，**差分**あるいは**階差数列**とよばれる

$$b_i = a_{i+1} - a_i \quad (i = 1, 2, \cdots, N-1)$$

は小さいことが多く，$b_i$ が何回起こったかを頻度に応じて棒グラフとしてみれば，綺麗に並ぶことが期待できる。

○**例 4.7.** 図 IV.15 は 1 ドルの円換算を示す為替レートの時系列データである。差分 $b_i = a_{i+1} - a_i$ を計算して，区間ごとに頻度を数えて，棒グラフにしてみると図 IV.16 のようになる。図から区間 $[-0.126, 0.284]$ の間に入る変動 $b_i$ の回数は 70 数回あり，最も頻度が多いことや，区間ごとに頻度を数えて作った棒グラフが山なりの "正規分布" にみえることがわかる。

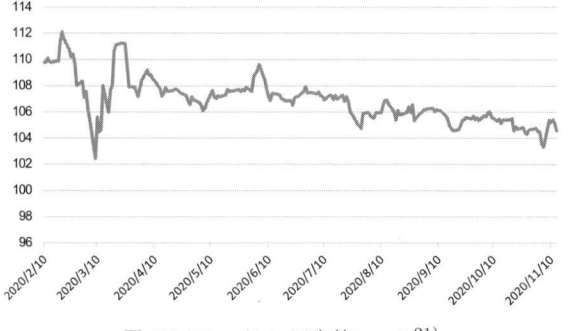

**図 IV.15**　ドル 円為替レート[21)]

---

21)　みずほ銀行 https://www.mizuhobank.co.jp/market/historical.html より。

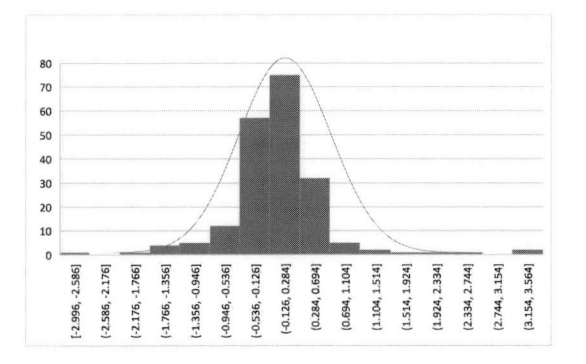

図 **IV.16**　差分 $b_i = a_{i+1} - a_i$ の各 $i$ に対する頻度の回数

　上の例のように，時系列データから階差 $b_i$ $(i = 1, 2, \cdots, N-1)$ をとって平均と分散 (標準偏差) を計算すると，どの程度不規則変動しているかが把握できる。この分散 (標準偏差) を**ボラティリティ** (volatility) とよび，金融工学や金融商品で利用されている[22]。

★練習問題 **IV.20.** 自身の最近一週間の睡眠時間を記入せよ。下段はサンプルである。

|  | 1 日目 | 2 日目 | 3 日目 | 4 日目 | 5 日目 | 6 日目 |
|---|---|---|---|---|---|---|
| 私自身 (時間) |  |  |  |  |  |  |
| サンプル (時間) | 5 | 6 | 7 | 5 | 4 | 5 |

★練習問題 **IV.21.** 前問のデータで，1 日目を $a_1$，2 日目を $a_2$，3 日目を $a_3$，4 日目を $a_4$，5 日目を $a_5$，6 日目を $a_6$ とする。3 日間の移動平均 $\mu_2, \mu_3, \mu_4, \mu_5$ をすべて計算して求めよ。(Hint. $\mu_2 = \dfrac{a_1 + a_2 + a_3}{3} = \cdots$.)

★練習問題 **IV.22.** $N = 3$ としたときの自己相関関数

$$R(2) = \frac{1}{3}(a_1 \cdot a_3 + a_2 \cdot a_4 + a_3 \cdot a_5)$$

を求めよ。

---

22)　大阪大学 数理・データ科学教育研究センターでは, VOLATILITY INDEX JAPAN (VXJ) を日々更新公開している。http://www-mmds.sigmath.es.osaka-u.ac.jp/structure/activity/vxj.php

# 5. 時系列解析

## 5.1 時系列データの予測

　時系列データとは時間の経過に従って観測・測定したデータのことであり，例 4.1〜4.4 でみたように，大きく分けて，傾向変動，循環変動，季節変動，不規則変動の 4 つの変動要因があった。そして，各々の変動要因を調べるために，傾向変動，循環変動に対しては移動平均，自己相関関数を求め，不規則変動には差分を計算する方法を紹介した。

　実際には変動を見抜いたうえで，予測をする必要がある。うまくいかないことも多いが，地震予知，株価予想など，広く応用されている分野である。時系列データ解析は多変量解析と同様，実務から研究まで，ありとあらゆる分野で利用されている。理論，応用，また AI と組み合わせた研究も発展中である。

　あくまで予測なので，時系列データの予測は "当たるも八卦当たらぬも八卦" になる場合もある。物理などで単純な法則に基づくだけならば予測が当たりやすいが，複雑な現象を長期にわたり予測し当てることはかなり困難である (政治，経済，医療，生命，災害，…)。もう少し具体的にいうと，不規則変動が大きい場合にはリスクを考えて，"リスク回避やリスクの評価をするためにはどうすればよいか" という立場から，時系列解析を行うことが多い。

　時系データを予測をするために，傾向 (T)，循環 (C)，季節 (S)，不規則 (I) の 4 つの変動に分けて，模式的に

$$a = T + C + S + I$$

と表現したものを**加法モデル**とよぶ[23]。より明確にするために，時刻 $t$ における時系列データを $a_t$ $(t = 0, 1, 2, \cdots)$ と書き，時刻 $t$ に対応する各変動を $T_t, C_t, S_t, I_t$ と表し，いままでの時系列データをよくみて観察することで，予測できるものとする。そのとき，時刻 $t+1$ における時系列データ $a_{t+1}$ の値は

$$a_{t+1} = a_t + T_t + C_t + S_t + I_t \quad (t = 0, 1, 2, \cdots) \qquad \text{(IV.4)}$$

と考えてよい。数列の言葉でいえば，式 (IV.4) は漸化式とよばれるものと同じであり，簡単に解けるとは限らないが，1 つずつ計算すれば，原理的には時系列データを帰納的に (1 つずつ順番に) 求めることができる。

---

23) 掛け合わせて $T \times C \times S \times I$ のように表現するものを**乗法モデル**とよぶ。

例えば，日本の人口は毎年約 20 万人減っているといわれているので，$T = -20$ とし $C = S = I = 0$ と考えてみる．そのうえで，2009 年 10 月，約 12,800（万人）からの人口の減少予測を描いてみよう．図 IV.17 は，年度ごとに人口をまとめた時系列データに，その予測を加えてみたものである．

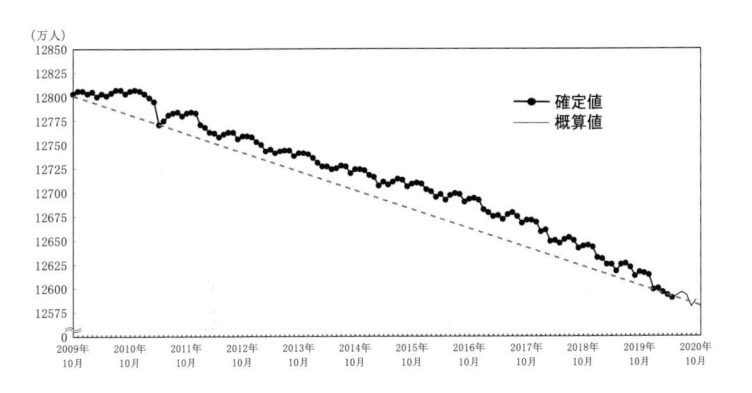

図 **IV.17**　総人口の推移[24]と予測（破線）

図 IV.17 の人口減少（下降トレンド）は，他の要素 $C = S = I = 0$ としてあるので直線である．他の要素を勘案して加法モデルを作ることで，精度が上がるかもしれない．また，いつまでも下降トレンドであるならば，いつか日本人がいなくなるので，長期予測には違和感もある[25]．

ただ，現実には式 (IV.4) をもとに，$f, g, h, i, j$ を $t$ の関数として

$$a_{t+1} = f(t) \cdot a_t + g(t)T_t + g(t-1)T_{t-1} + g(t-2)T_{t-2} + \cdots$$
$$+ h(t)C_t + h(t-1)C_{t-1} + h(t-2)C_{t-2} + \cdots$$
$$+ i(t)S_t + i(t-1)S_{t-1} + i(t-2)S_{t-2} + \cdots$$
$$+ j(t)I_t + j(t-1)I_{t-1} + j(t-2)I_{t-2} + \cdots$$

のように一般化するに従い，きめ細かな予測ができるようになる一方，手計算で厳密な解を求めることは困難となり，コンピュータを用いて数列として数値的に時系列データを処理していくことになる．有償のソフトウェアを使ったり，

---

24)　前掲「人口推計」―2020 年（令和 2 年）10 月報―（総務省統計局）をもとに作成．

25)　実際に予測をたてるために，AR モデルや MA モデル，さらに ARMA モデルなどとよばれる理論，灰色理論など，時系列予測では大量のモデルが提案されている．

R や Python でプログラムすることも多い。

## 5.2　回帰分析

　ここでは，時系列データのうち傾向変動だけに着目して，時系列データの上昇トレンドや下降トレンドをみつける方法について述べる。仮に，これまでの時系列データの傾向 (上昇トレンド, 下降トレンド) がそのまま予測 (未来) でも続いているとすれば，未来でも上昇トレンドや下降トレンドと予測してよいだろう。もちろん，今後もいままでの傾向が続くというのは仮説であり，通常の現実問題では状況が刻々と変化して予測がなかなか当たらないことが多い。いずれにせよ，傾向変動をみるだけなら直線を考えればよさそうである。このようにしてデータにモデルをあてはめることを「**1 次式による時系列データの回帰**」という。

　1 変数 (時間 $t$ や $x$) についての (線形) **回帰分析** (regression analysis) では，データを直線の式 ($y = ax + b$) の形であてはめる。機械学習など，回帰分析には非常に幅広い応用がある。下図では，$xy$ 平面上にバラバラに並んだ点 (データ) を直線で近似しようとしている。具体的には，直線

$$y = ax + b \quad (直線)$$

で近似する。ただし，$a$ は傾き，$b$ は切片である。データを予測するために，$x$ に対して正しい $y$ が出力できるように，$a$ と $b$ を調整する。

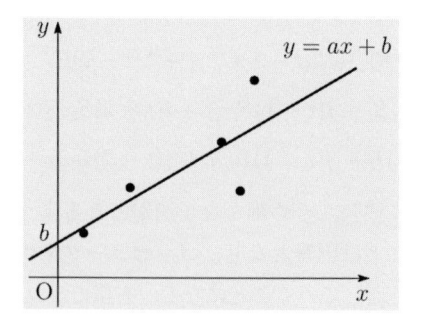

　ここで，$x$ を**説明変数**，$y$ を**目的変数**という。

○例 **5.1** (**最小二乗法** (least squares method)). 平面にあるデータの集まり $(x_1, y_1), (x_2, y_2), \cdots, (x_n, y_n)$ に対して,

$$|y_i - (ax_i + b)| \quad (i = 1, 2, \cdots, n)$$

の値が $0$ から離れるほど近似が悪くなるので, 差の $2$ 乗和

$$\{y_1 - (ax_1 + b)\}^2 + \{y_2 - (ax_2 + b)\}^2 + \cdots + \{y_n - (ax_n + b)\}^2 \quad (*)$$

の値が最小になるように $a$ と $b$ を選ぶ. この値は, 下図の点線の長さの $2$ 乗の和である.

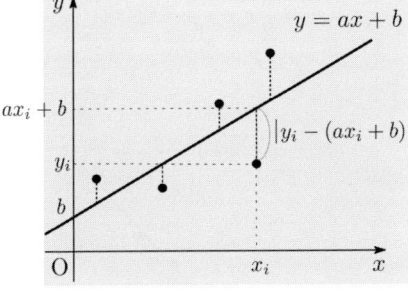

例 5.1 (*) は, $a$ と $b$ に関する $2$ 次関数であるから最小値を求めることができる. 例えば, $3$ つの要素からなるデータの集まり

$$(0, 2), \ (1, 4), \ (2, 5)$$

に対しては, 値

$$\{y_1 - (ax_1 + b)\}^2 + \{y_2 - (ax_2 + b)\}^2 + \{y_3 - (ax_3 + b)\}^2$$
$$= \{2 - (a \cdot 0 + b)\}^2 + \{4 - (a \cdot 1 + b)\}^2 + \{5 - (a \cdot 2 + b)\}^2$$
$$= (2 - b)^2 + (4 - a - b)^2 + (5 - 2a - b)^2$$
$$= 5a^2 + 3b^2 + 6ab - 28a - 22b + 45$$

を最小にする $a, b$ を求めることになる.

高校までの知識だと, $a$ で平方完成してさらに $b$ で平方完成することになるが, 微分を利用すると簡便に最小値を求めることができる. 実際に, $b$ を固定し, 右辺を $\underline{a}$ で微分してゼロとおくと

$$\frac{d}{da}(5a^2 + 3b^2 + 6ab - 28a - 22b + 45) = 10a + 6b - 28 = 0. \quad (\text{IV}.5)$$

また，$a$ を固定し，右辺を $\underline{b}$ で微分してゼロとおくと

$$\frac{d}{db}(5a^2 + 3b^2 + 6ab - 28a - 22b + 45) = 6b + 6a - 22 = 0. \quad (\text{IV}.6)$$

(IV.5) と (IV.6) は，$a$ と $b$ の連立方程式であるから

$$a = \frac{3}{2}, \quad b = \frac{13}{6}$$

と解くことができる。よって

$$y = \frac{3}{2}x + \frac{13}{6} \quad (\text{直線})$$

が求める直線である。

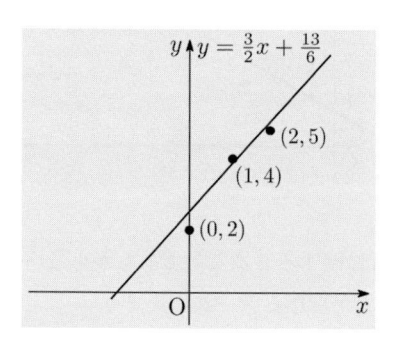

この方法を次のようにまとめておく。

**まとめ：最小二乗法**　　$n$ 個のデータの集まり $(x_1, y_1), (x_2, y_2), \cdots, (x_n, y_n)$ に対して，

$$\{y_1 - (ax_1 + b)\}^2 + \{y_2 - (ax_2 + b)\}^2 + \cdots + \{y_n - (ax_n + b)\}^2$$

の最小値を与える $a$ と $b$ は，次式で与えられる。

$$\frac{\partial}{\partial a}[\{y_1 - (ax_1 + b)\}^2 + \{y_2 - (ax_2 + b)\}^2 + \cdots$$
$$+ \{y_n - (ax_n + b)\}^2] = 0, \quad (\text{IV}.7)$$
$$\frac{\partial}{\partial b}[\{y_1 - (ax_1 + b)\}^2 + \{y_2 - (ax_2 + b)\}^2 + \cdots$$

$$+ \{y_n - (ax_n + b)\}^2] = 0 \qquad (\text{IV}.8)$$

ここで $\dfrac{\partial}{\partial a}$ は，$b$ を固定して $a$ で微分する操作で，このことを $a$ で**偏微分**するという。同様に $\dfrac{\partial}{\partial b}$ は，$a$ を固定して $b$ で微分する操作で，$b$ で偏微分するという。一般に，1 つずつの変数に着目して微分することを偏微分とよび，$\partial$ はラウンドと読む。

上で求めた，$a$ と $b$ を適用した

$$y = ax + b \quad (\text{直線})$$

が近似直線 (1 次式) であり，これを**回帰直線** (regression line) とよぶ。

(IV.7)–(IV.8) を解くと次の定理が得られる。

**定理 5.1.** $n$ 個のデータの集まり $(x_1, y_1), (x_2, y_2), \cdots, (x_n, y_n)$ に対して

$$a = \frac{n \displaystyle\sum_{k=1}^{n} x_k y_k - \sum_{k=1}^{n} x_k \sum_{k=1}^{n} y_k}{n \displaystyle\sum_{k=1}^{n} x_k^2 - \left(\sum_{k=1}^{n} x_k\right)^2},$$

$$b = \frac{\displaystyle\sum_{k=1}^{n} x_k^2 \sum_{k=1}^{n} y_k - \sum_{k=1}^{n} x_k y_k \sum_{k=1}^{n} x_k}{n \displaystyle\sum_{k=1}^{n} x_k^2 - \left(\sum_{k=1}^{n} x_k\right)^2}$$

とおくと，$y = ax + b$ は回帰直線になる。

上式はさらに簡略化することができる。

**定理 5.2.** データ $x_1, x_2, \cdots, x_n$ の平均を $\bar{x}$ とし，$y_1, y_2, \cdots, y_n$ の平均を $\bar{y}$ とおくと

$$a = \frac{\displaystyle\sum_{k=1}^{n} (x_k - \bar{x})(y_k - \bar{y})}{\displaystyle\sum_{k=1}^{n} (x_k - \bar{x})^2}, \qquad b = \bar{y} - a\bar{x}$$

に対して，$y = ax + b$ が回帰直線になる。

●例題 **5.1.** 下の表は，子供の身長と体重を表している。

| 年齢 (歳) | 身長 $x$ (cm) | 体重 $y$ (kg) |
|---|---|---|
| 6 | 116.5 | 21.3 |
| 7 | 122.5 | 23.9 |
| 8 | 128.1 | 26.9 |
| 9 | 133.5 | 30.4 |
| 10 | 138.9 | 34.0 |
| 11 | 145.2 | 38.2 |

このとき $x, y$ の平均は，それぞれ

$$\bar{x} = \frac{116.5 + 122.5 + 128.1 + 133.5 + 138.9 + 145.2}{6} = 130.7833\cdots,$$

$$\bar{y} = \frac{\boxed{\phantom{xxxxxxxxxxxxxxxxxxxxxxxxxxxxxx}}}{6} = 29.11667\cdots$$

であり，さらに $x_k - \bar{x}$ と $y_k - \bar{y}$ を表にすると次のようになる。

| $x_k - \bar{x}$ (cm) | $y_k - \bar{y}$ (kg) |
|---|---|
| $-14.28\cdots$ | $-7.81\cdots$ |
| $-8.28\cdots$ | $-5.21\cdots$ |
| $-2.68\cdots$ | $-2.21\cdots$ |
| $2.71\cdots$ | $1.28\cdots$ |
| $8.11\cdots$ | $4.88\cdots$ |
| $14.41\cdots$ | $9.08\cdots$ |

したがって，定理 5.2 より

$$a = \frac{(x_1 - \bar{x})(y_1 - \bar{y}) + \cdots + (x_6 - \bar{x})(y_6 - \bar{y})}{(x_1 - \bar{x})^2 + \cdots + (x_6 - \bar{x})^2}$$

$$= \frac{(-14.28\cdots) \times (-7.81\cdots) + \cdots + (14.41\cdots) \times (9.08\cdots)}{(-14.28\cdots)^2 + \cdots + (14.41\cdots)^2}$$

$$= \frac{334.8817\cdots}{560.9283\cdots} = 0.597013\cdots,$$

$$b = \bar{y} - a\bar{x} = 29.1167\cdots - 0.597013\cdots \times 130.7833\cdots$$

$$= -48.9627\cdots.$$

これより回帰直線は，おおよそ

$$y = 0.597013x - 48.9627$$

である。この回帰直線を使えば，子供の身長と体重の関係のモデルが得られた
ことになる。

以上で1次式での回帰分析によって回帰直線を求める方法がわかったので，
時系列データでは $x$ を時間とし，$y$ がデータとして適用すればよい。

傾向変動に加えて他の変動を扱うためには式 (IV.4) までもどる必要がある。
図 IV.18 は，循環変動，季節変動，不規則変動は考慮していないが，Excel の分
析機能を使って，2020 年 10 月までの気温データから，11 月以降の豊中市の気
温予測をしたものである。気象庁の気温データ[26] を用い，信頼区間を 90 ％と
した。

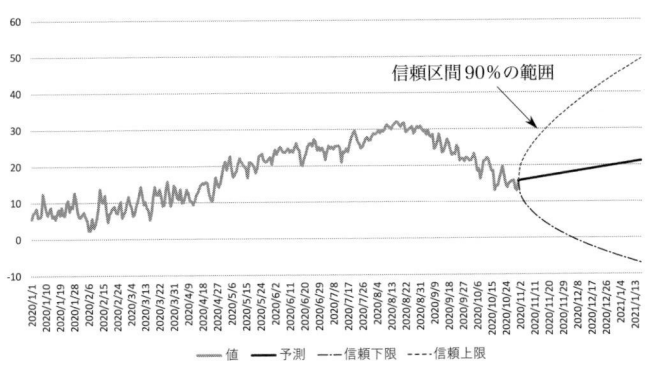

図 IV.18

★練習問題 IV.23. 時系列のデータの組 $(x, y) = (1, 1), (2, 5), (3, 2 \times \triangle)$ がある。た
だし $x$ は時刻を表す。1 ～ 9 の任意の数を選んで $\triangle$ とし，次の空欄を埋めて回帰直線
$y = ax + b$ を求めよ。解答では分数を使ってもよい。

(Step1) 表より $x$ の平均 $\bar{x}$ と $y$ の平均 $\bar{y}$ は

$$\bar{x} = \frac{1 + 2 + 3}{3} = \underline{\phantom{xxx}},$$

$$\bar{y} = \frac{1 + 5 + 2 \times \triangle}{3} = \underline{\phantom{xxx}}.$$

| $x$ | $y$ |
| --- | --- |
| 1 | 1 |
| 2 | 5 |
| 3 | $2 \times \triangle$ |

(Step2) 右下の表の各数値を求めたうえ，$a$ を求める。

---

26) 気象庁ホームページ https://www.data.jma.go.jp/gmd/risk/obsdl/ より。

$$a = \frac{(x_1 - \bar{x})(y_1 - \bar{y}) + (x_2 - \bar{x})(y_2 - \bar{y}) + (x_3 - \bar{x})(y_3 - \bar{y})}{(x_1 - \bar{x})^2 + (x_2 - \bar{x})^2 + (x_3 - \bar{x})^2}$$

$$= \underline{\hphantom{xxxxx}}$$

| $x - \bar{x}$ | $y - \bar{y}$ |
|---|---|
|  |  |
|  |  |
|  |  |

(Step3)　　　　　$b = \bar{y} - a\bar{x} = \underline{\hphantom{xxxxx}}$

であるから，回帰直線は

$$y = \underline{\hphantom{xxx}} x + \underline{\hphantom{xxx}} .$$

★**練習問題 IV.24.** 時刻 $x = 5$ のときの予測値 $y$ を，前問で求めた回帰直線を利用して求めよ。

# 6.　機械学習基礎

## 6.1　全般的な説明

**機械学習** (machine learning) には，大きく分けて「教師あり学習」と「教師なし学習」の 2 種類の手法が知られている。現状では大部分 (約 7 割) が教師あり学習で，教師なし学習は全体の 1 割から 2 割である。残りは「半教師あり学習」「強化学習」などとよばれる手法が使われている。これらは実務で用いられる場面も多い[27]。

教師あり学習では，ラベル付きの手本 (訓練データ，既知の望ましい出力が決まっている入力など) を用いる。一連の入力とそれらに対応する正しい出力を受け取り，自分 (アルゴリズム) の出力と正しい出力を比較してエラーを検出し，自力でモデルに適切な改良を加える。例として，畳み込みニューラルネットワークを用いた画像解析がある。

教師なし学習は，履歴ラベルが存在しないデータに対して，アルゴリズム自身がデータの意味を突き止め，データの内部に何らかの構造をみつけだす。例として，§7.2 で述べる階層クラスタリングがある。

半教師あり学習は教師あり学習と同じ用途に用いられるが，ラベル付きデー

---

27) https://www.sas.com/ja_jp/insights/analytics/machine-learning.html などの企業のホームページには，実務面に機械学習がどのように利用されているかがまとめられているので適宜参照されたい。

タとラベルなしデータの両方を使ってトレーニングする。データベースが少ないとき有効で，顧客分析などビジネスで活用されることも多い。

強化学習は，どの行動が最大の報酬を生み出すかを試行錯誤をとおして突き止める。エージェント (学習者または意思決定者)，環境 (エージェントと相互作用するすべてのもの)，アクション (エージェントが行える行動) という 3 つの主な構成要素があり，エージェントは限られた一定の期間で見込まれる報酬が最大になるような行動を選ぶ。例として，第 III 章の §3.2 で述べた AlphaGo などのゲームソフトがある。

## 6.2 教師あり学習

教師あり学習のアルゴリズムのひとつとして，最近よく使われる**深層学習** (deep learning) について説明する。深層学習とは機械学習の一種で，**ニューラルネットワーク**とよばれる生物の神経系の挙動を模して学習できるようにデザインされたものである。従来の機械学習 (単層ネットワークとよばれる) とは一線を画しており，適用対象次第では，人間以上のパフォーマンスを発揮するほど高度に学習することができている。このような背景から，人間と同レベル以上のパフォーマンスが期待できるものを特に **AI (人工知能)** とよんでいる。

次の図は，$X_1$ を入力層 (入力) とし $X_3$ を出力層 (出力) とするニューラルネットワークのモデル (模式図) である。1 つずつの ○ を神経細胞 (neuron) と思うことにする。具体的には，$f$ を適当に固定された単調関数 (具体的な説明は後述) とし

$$X_{i+1} = f(A_i X_i + B_i) \quad (i = 1, 2) \quad (\text{漸化式})$$

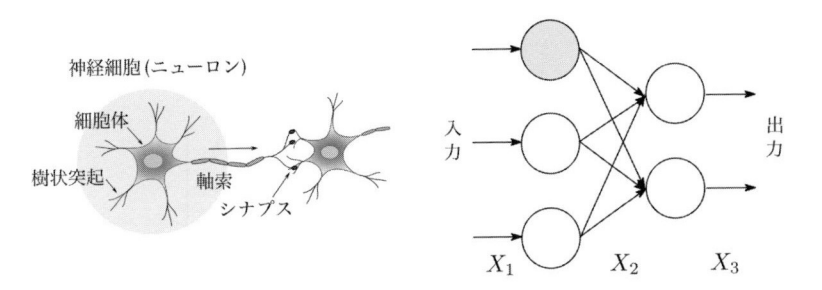

図 **IV.19**

とする。ただし，$A_i$ は行列，$B_i$ と $X_i$ は縦ベクトルとし，ベクトルと行列の和，差，積を用いている。

　学習によって，$X_1$ に対して正しい $X_3$ が出力できるように，行列 $A_i$ とベクトル $B_i$ を調整する。そのために回帰分析を行う。この図 IV.19 では，$X_1$ (入力層) は 3 次元のベクトル (3 つの矢印 (入力))，$X_2$ (中間層) は 6 次元のベクトル (6 つの矢印)，$X_3$ (出力層) は 2 次元のベクトル (2 つの矢印) になっているので，次のようなベクトルを使う。

$$X_1 = \begin{pmatrix} x_1 \\ x_2 \\ x_3 \end{pmatrix}, \qquad X_2 = \begin{pmatrix} y_1 \\ y_2 \\ y_3 \\ y_4 \\ y_5 \\ y_6 \end{pmatrix}, \qquad X_3 = \begin{pmatrix} z_1 \\ z_2 \end{pmatrix}.$$

　行列の計算と整合性をとるためには，$A_1$ は 6 行 3 列の行列，$B_1$ は 6 次元のベクトル，$A_2$ は 2 行 6 列の行列で $B_2$ は 2 次元のベクトルと考えればよい。

$$A_1 X_1 + B_1 = \begin{pmatrix} a_{11} & a_{12} & a_{13} \\ a_{21} & a_{22} & a_{23} \\ a_{31} & a_{32} & a_{33} \\ a_{41} & a_{42} & a_{43} \\ a_{51} & a_{52} & a_{53} \\ a_{61} & a_{62} & a_{63} \end{pmatrix} X_1 + \begin{pmatrix} b_1 \\ b_2 \\ b_3 \\ b_4 \\ b_5 \\ b_6 \end{pmatrix}$$

$$= \begin{pmatrix} a_{11} & a_{12} & a_{13} \\ a_{21} & a_{22} & a_{23} \\ a_{31} & a_{32} & a_{33} \\ a_{41} & a_{42} & a_{43} \\ a_{51} & a_{52} & a_{53} \\ a_{61} & a_{62} & a_{63} \end{pmatrix} \begin{pmatrix} x_1 \\ x_2 \\ x_3 \end{pmatrix} + \begin{pmatrix} b_1 \\ b_2 \\ b_3 \\ b_4 \\ b_5 \\ b_6 \end{pmatrix}$$

$$= \begin{pmatrix} a_{11}x_1 + a_{12}x_2 + a_{13}x_3 + b_1 \\ a_{21}x_1 + a_{22}x_2 + a_{23}x_3 + b_2 \\ a_{31}x_1 + a_{32}x_2 + a_{33}x_3 + b_3 \\ a_{41}x_1 + a_{42}x_2 + a_{43}x_3 + b_4 \\ a_{51}x_1 + a_{52}x_2 + a_{53}x_3 + b_5 \\ a_{61}x_1 + a_{62}x_2 + a_{63}x_3 + b_6 \end{pmatrix}$$

より，中間層 $X_2 = f(A_1 X_1 + B_1)$ は

$$
\begin{pmatrix} y_1 \\ y_2 \\ y_3 \\ y_4 \\ y_5 \\ y_6 \end{pmatrix} = X_2 = f(A_1 X_1 + B_1)
$$

$$
= f \begin{pmatrix} a_{11}x_1 + a_{12}x_2 + a_{13}x_3 + b_1 \\ a_{21}x_1 + a_{22}x_2 + a_{23}x_3 + b_2 \\ a_{31}x_1 + a_{32}x_2 + a_{33}x_3 + b_3 \\ a_{41}x_1 + a_{42}x_2 + a_{43}x_3 + b_4 \\ a_{51}x_1 + a_{52}x_2 + a_{53}x_3 + b_5 \\ a_{61}x_1 + a_{62}x_2 + a_{63}x_3 + b_6 \end{pmatrix}
$$

$$
= \begin{pmatrix} f(a_{11}x_1 + a_{12}x_2 + a_{13}x_3 + b_1) \\ f(a_{21}x_1 + a_{22}x_2 + a_{23}x_3 + b_2) \\ f(a_{31}x_1 + a_{32}x_2 + a_{33}x_3 + b_3) \\ f(a_{41}x_1 + a_{42}x_2 + a_{43}x_3 + b_4) \\ f(a_{51}x_1 + a_{52}x_2 + a_{53}x_3 + b_5) \\ f(a_{61}x_1 + a_{62}x_2 + a_{63}x_3 + b_6) \end{pmatrix}
$$

というように，各成分 $x_i\,(i = 1, 2, 3)$ 1 個ずつに対して関数 $f$ の値をとって変換する。関数 $f$ としては，単調増加関数がよく使われる。ただし，ベクトル値関数 $f = (f_1(x_1), f_2(x_2), \cdots, f_n(x_n))$ が**単調増加**であるとは，各 $f_i(x_i)\,(i = 1, 2, \cdots, n)$ が単調増加であることであり，実用上は**ジグモイド関数**

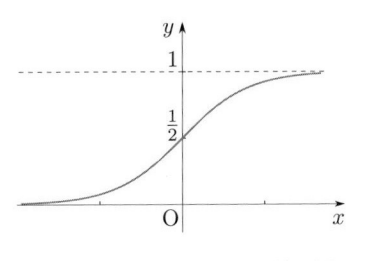

**図 IV.20** ジグモイド関数の例

$$
f_i(x_i) = (1 + 2^{-x_i})^{-1}
$$

が使われることが多い。

同様に，

$$
A_2 X_2 + B_2 = \begin{pmatrix} c_{11} & c_{12} & c_{13} & c_{14} & c_{15} & c_{16} \\ c_{21} & c_{22} & c_{23} & c_{24} & c_{25} & c_{26} \end{pmatrix} X_2 + \begin{pmatrix} d_1 \\ d_2 \end{pmatrix}
$$

$$
= \begin{pmatrix} c_{11} & c_{12} & c_{13} & c_{14} & c_{15} & c_{16} \\ c_{21} & c_{22} & c_{23} & c_{24} & c_{25} & c_{26} \end{pmatrix} \begin{pmatrix} y_1 \\ y_2 \\ y_3 \\ y_4 \\ y_5 \\ y_6 \end{pmatrix} + \begin{pmatrix} d_1 \\ d_2 \end{pmatrix}
$$

$$
= \begin{pmatrix} c_{11}y_1 + c_{12}y_2 + c_{13}y_3 + c_{14}y_4 + c_{15}y_5 + c_{16}y_6 + d_1 \\ c_{21}y_1 + c_{22}y_2 + c_{23}y_3 + c_{24}y_4 + c_{25}y_5 + c_{26}y_6 + d_2 \end{pmatrix}
$$

であり, 出力層 $X_3 = f(A_2 X_2 + B_2)$ は

$$
\begin{pmatrix} z_1 \\ z_2 \end{pmatrix} = X_3 = f(A_2 X_2 + B_2)
$$

$$
= f \begin{pmatrix} c_{11}y_1 + c_{12}y_2 + c_{13}y_3 + c_{14}y_4 + c_{15}y_5 + c_{16}y_6 + d_1 \\ c_{21}y_1 + c_{22}y_2 + c_{23}y_3 + c_{24}y_4 + c_{25}y_5 + c_{26}y_6 + d_2 \end{pmatrix}
$$

$$
= \begin{pmatrix} f(c_{11}y_1 + c_{12}y_2 + c_{13}y_3 + c_{14}y_4 + c_{15}y_5 + c_{16}y_6 + d_1) \\ f(c_{21}y_1 + c_{22}y_2 + c_{23}y_3 + c_{24}y_4 + c_{25}y_5 + c_{26}y_6 + d_2) \end{pmatrix}
$$

$$
= \begin{pmatrix} f\big(c_{11}f(a_{11}x_1 + a_{12}x_2 + a_{13}x_3 + b_1) + \cdots \\ \quad \cdots + c_{16}f(a_{61}x_1 + a_{62}x_2 + a_{63}x_3 + b_6) + d_1\big) \\ f\big(c_{21}f(a_{11}x_1 + a_{12}x_2 + a_{13}x_3 + b_1) + \cdots \\ \quad \cdots + c_{26}f(a_{61}x_1 + a_{62}x_2 + a_{63}x_3 + b_6) + d_2\big) \end{pmatrix}
$$

を意味する。また, 以下の説明のため

$$
z_1 = z_1(x_1, x_2, x_3), \qquad z_2 = z_2(x_1, x_2, x_3)
$$

と書くことにする。この $z_1$ や $z_2$ は, 3 つの変数 $x_1, x_2, x_3$ に依存する 3 変数関数である[28]。

　入力層 $X_1$ に入れるデータ $(\alpha_k, \beta_k, \gamma_k)$ と, 対応して出力層 $X_3$ に出力されるデータ $(\phi_k, \psi_k)$ が大量にわかっていたとすると, これらを教師データとすることができる。すなわちこの学習は, $A_1$ の要素 $a_{11} \sim a_{63}$ (18 個), $B_1$ の要素 $b_1 \sim b_6$ (6 個), $A_2$ の要素 $c_{11} \sim c_{26}$ (12 個), $B_2$ の要素 $d_1, d_2$ (2 個) の合計 38 個の未知定数を教師データから求める問題であり, 最小二乗法を適用すれば

---

28) $f(f(\cdots))$ などのように, 繰り返し関数に値を代入する操作は, **合成**とよばれている。

$$\sum_k \left\{ \left| z_1(\alpha_k, \beta_k, \gamma_k) - \phi_k \right|^2 + \left| z_2(\alpha_k, \beta_k, \gamma_k) - \psi_k \right|^2 \right\} \tag{IV.9}$$

が最小になるように，$a_{11} \sim a_{63}$ (18 個)，$b_1 \sim b_6$ (6 個)，$c_{11} \sim c_{26}$ (12 個)，$d_1, d_2$ (2 個) の合計 38 個の未知定数を決めることになる。この手法は回帰分析の一種で，§5.2 では直線 (1 次式) で近似する場合を紹介した。

式 (IV.9) において 1 つの文字に着目し，他の文字を止めて微分する，すなわち各変数について偏微分することにすると

$$\begin{cases} \dfrac{\partial}{\partial a_{11}} \sum_k \left\{ \left| z_1(\alpha_k, \beta_k, \gamma_k) - \phi_k \right|^2 + \left| z_2(\alpha_k, \beta_k, \gamma_k) - \psi_k \right|^2 \right\} = 0, \\ \qquad \cdots \\ \dfrac{\partial}{\partial a_{63}} \sum_k \left\{ \left| z_1(\alpha_k, \beta_k, \gamma_k) - \phi_k \right|^2 + \left| z_2(\alpha_k, \beta_k, \gamma_k) - \psi_k \right|^2 \right\} = 0, \\ \dfrac{\partial}{\partial b_1} \sum_k \left\{ \left| z_1(\alpha_k, \beta_k, \gamma_k) - \phi_k \right|^2 + \left| z_2(\alpha_k, \beta_k, \gamma_k) - \psi_k \right|^2 \right\} = 0, \\ \qquad \cdots \\ \dfrac{\partial}{\partial b_6} \sum_k \left\{ \left| z_1(\alpha_k, \beta_k, \gamma_k) - \phi_k \right|^2 + \left| z_2(\alpha_k, \beta_k, \gamma_k) - \psi_k \right|^2 \right\} = 0, \\ \dfrac{\partial}{\partial c_{11}} \sum_k \left\{ \left| z_1(\alpha_k, \beta_k, \gamma_k) - \phi_k \right|^2 + \left| z_2(\alpha_k, \beta_k, \gamma_k) - \psi_k \right|^2 \right\} = 0, \\ \qquad \cdots \\ \dfrac{\partial}{\partial c_{26}} \sum_k \left\{ \left| z_1(\alpha_k, \beta_k, \gamma_k) - \phi_k \right|^2 + \left| z_2(\alpha_k, \beta_k, \gamma_k) - \psi_k \right|^2 \right\} = 0, \\ \dfrac{\partial}{\partial d_1} \sum_k \left\{ \left| z_1(\alpha_k, \beta_k, \gamma_k) - \phi_k \right|^2 + \left| z_2(\alpha_k, \beta_k, \gamma_k) - \psi_k \right|^2 \right\} = 0, \\ \dfrac{\partial}{\partial d_2} \sum_k \left\{ \left| z_1(\alpha_k, \beta_k, \gamma_k) - \phi_k \right|^2 + \left| z_2(\alpha_k, \beta_k, \gamma_k) - \psi_k \right|^2 \right\} = 0 \end{cases}$$

の 38 個の連立方程式が得られる。解が求まるためには，最低 38 組のデータが必要で，$\sum_k$ 記号は，教師データの番号 $k$ を動かしながら足していくことを意味している。また，解が 1 つとも限らないので，実行するためには様々な工夫が必要である。

このように機械学習では，より複雑な連立方程式や数値計算などの作業を行うため，大きなコンピュータ資源が必要になる。上述のモデルは入力層，中間層，出力層の 3 層だけだったが実用上は巨大なシステムが構築され，様々な工夫が提案されている。

○例 **6.1.** 下図のようなニューラルネットワークがあり，学習後に

$$\begin{cases} y_1 = x^2 \\ y_2 = x^2 + x + 1 \end{cases} \qquad \begin{cases} z_1 = -y_1^2 + y \\ z_2 = y_2 + 4 \end{cases}$$

となった場合には，例えば，$x = 2$ とすると，$y_1 = 4$，$y_2 = 7$ となり

$$z_1 = -12, \quad z_2 = 11$$

が出力される。

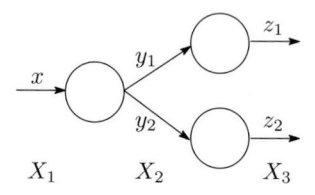

実際には 2 次関数などではなくジグモイド関数などが使われるが，一般に学習が終われば，計算は値を代入するだけなので，計算量は非常に少ない。

ニューラルネットワークは普遍性をもっている。大ざっぱだが，次の定理が成り立つ[29]。

**定理 6.1.** 任意の計算したい連続関数に対して，その計算を行えるニューラルネットワークが存在する。

この定理は，ニューラルネットワークの一種である多層のパーセプトロンを用いた教師あり学習によって，原理的には任意の課題に対して正解を与えることができるようになることを示している。実際上は，このままでは回路が複雑化して実用的ではなく，多層パーセプトロンを用いた第 3 次 AI ブームの到来は，計算機の性能向上とビッグデータが利用できる環境の整う 2000 年代を待たなければならなかった。

★**練習問題 IV.25.** データの組

$$(x_1, x_2, z) = (0, -1, 0), \ (1, 1, 1), \ (1, 0, -7) \tag{IV.10}$$

がある。簡単のため $f(x) = x^2$ とし，下図のニューラルネットワークに機械学習させる。以下の手順を確認せよ。

---

29)　**普遍性定理** (universal approximation theorem), G. チベンコ (Cybenko) による (1989)。

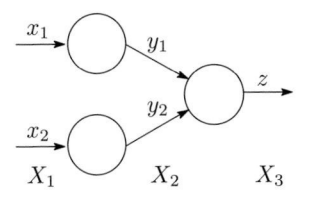

(Step1) $a_i$, $b_i$ $(i = 1, 2)$ をスカラーとし，上図のニューラルネットワークより

$$\begin{cases} y_1 = f(a_1 x_1 + b_1) = (a_1 x_1 + b_1)^2, \\ y_2 = f(a_2 x_2 + b_2) = (a_2 x_2 + b_2)^2. \end{cases}$$

よって出力は，$A = \begin{pmatrix} a & b \end{pmatrix}$, $B = c$ (定数), $X = \begin{pmatrix} y_1 \\ y_2 \end{pmatrix}$ とすると，

$$z = f(AX + B)$$
$$= f\left( \begin{pmatrix} a & b \end{pmatrix} \begin{pmatrix} y_1 \\ y_2 \end{pmatrix} + c \right)$$
$$= f(ay_1 + by_2 + c) = (ay_1 + by_2 + c)^2$$
$$= \left( a(a_1 x_1 + b_1)^2 + b(a_2 x_2 + b_2)^2 + c \right)^2.$$

(Step2) 仮に学習値

$$a_1 = 0, \ b_1 = 1, \ a_2 = 1, \ b_2 = 0, \ c = 0$$

が与えられたとして，次式を満たす $a, b$ を最適化する。

$$z = (a + b x_2^2)^2$$

データ (Ⅳ.10) を用いて

$$|0 - (a + b)^2|^2 + |1 - (a + b)^2|^2 + |-7 - a^2|^2$$
$$= (a + b)^4 + ((a + b)^2 - 1)^2 + (a^2 + 7)^2$$

を最小にすればよい。この式を $a$ と $b$ で偏微分すると

$$\begin{cases} 4(a + b)^3 + 4(a + b)((a + b)^2 - 1) + 4a(a^2 + \boxed{\phantom{00}}) = 0, \\ 4(a + b)^3 + 4(a + b)((a + b)^2 - 1) = 0 \end{cases}$$

となる。$\boxed{\phantom{00}}$ に数値を入れよ。

(Step3) 連立方程式を解く。虚数解を除くと $a$ は1つに決まり，$b$ は3つある。

$$a = \boxed{\phantom{00}}, \quad b = \boxed{\phantom{00}}, \ \boxed{\phantom{00}}, \ \boxed{\phantom{00}}.$$

# 7.　特徴抽出

## 7.1　集合間の距離

　**教師なし学習**とは，学習データに正解を与えない状態で学習させる手法である。多くのデータがある場合，特徴が似ているか否かを導きグループ分けすれば，各々のグループの構造は似ているといえるだろう。**クラスター分析** (cluster analysis) は，このような教師なし学習の一つである。

　**クラスター**とはデータの集合のことをいう。例えば

$$C = \{(1,2), (-3.1,5), (9,1)\}$$

などはデータ (点) の集まりであるので，クラスターとなる。クラスター分析では，多くのデータを平面や空間に並べ，距離の近いデータは似ていると考える。近いデータから順にまとめて分類する方法は，**最短距離法** (nearest neighbor method) とよばれている。クラスター間には様々な距離が考えられているが，ここでは，ユークリッド空間内の 2 点

$$(a_1, a_2, \cdots, a_n), \quad (b_1, b_2, \cdots, b_n)$$

間の距離を

$$d = \sqrt{(b_1 - a_1)^2 + (b_2 - a_2)^2 + \cdots + (b_n - a_n)^2}$$

とする。

　**定義 7.1 (最短距離).** クラスター $A, B$ に対して，クラスター間の距離 $d(A,B)$ を

$$d(A,B) = \min_{i,j}\{d(a_i, a_j) \mid a_i \in A,\ a_j \in B\} \tag{IV.11}$$

とする。この値は 2 つのクラスターのなかで，最も近い 2 点間の距離を表している。ただし，記号 $\min\{\Box \mid \bigstar\}$ は，$\bigstar$ の条件を満たす $\Box$ のなかで最小のものを表す。

　図 IV.21 では，最初から 3 つのクラスターに分類されているが，膨大なデータにおいては綺麗にまとまっていない場合があるので，分類には明確な手続きが必要である。また，この図で 2 つのクラスターにしたい場合など，決まった $n$ 個のクラスターで分類したいこともある。クラスターにまとめていくことを**クラスタリング**という。

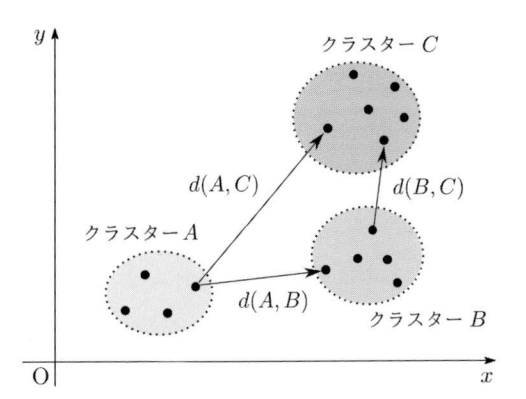

図 **IV.21** クラスター間の距離

## 7.2 クラスター分析の手順

最短距離法によるクラスター形成 (階層クラスタリング) の手順は以下のとおりである。

最初，散布図上の各データを，1 個の点からなるクラスターとみなす。次に，クラスター間の距離を測り，小さいものから順番にまとめていく。例えば，100 個の平面上のデータ $C_i \, (i = 1, 2, \cdots, 100)$ があるとき，100 個のクラスター (いまの場合は平面上の点) 間の距離

$$d(C_i, C_j) \quad (i, j = 1, \cdots, 100)$$

を測る。このとき，最も短い距離が $d(C_i, C_j) \, (i = j$ は除く$)$ であるとすると，集合 $C_i \cup C_j$ を同じクラスターにする。つまり，99 個のクラスターになる。

次に，99 個のクラスターができたので，99 個のクラスター $\widetilde{C}_i \, (i = 1, 2, \cdots, 99)$ 間の距離

$$d(\widetilde{C}_i, \widetilde{C}_j) \quad (i, j = 1, \cdots, 99)$$

を計算する。最も短い距離が $d(\widetilde{C}_k, \widetilde{C}_l) \, (k = l$ は除く$)$ であるとすると，集合 $\widetilde{C}_k \cup \widetilde{C}_l$ を同じクラスターにする。つまり，98 個のクラスターになる。以下，同じことを繰り返して 1 個になるまで続ける。

●例題 **7.1.** 5 個のデータ

$$\text{a}(-2,0), \quad \text{b}(0,0), \quad \text{c}(1,0), \quad \text{d}(1,3), \quad \text{e}(5,3)$$

をクラスタリングせよ。

(Step0) 2 点間の距離をすべて測る。

$$d(\text{a,b}) = 2, \ d(\text{a,c}) = 3, \ d(\text{a,d}) = 3\sqrt{2}, \ d(\text{a,e}) = \sqrt{58},$$

$$d(\text{b,c}) = 1, \ d(\text{b,d}) = \sqrt{10}, \ d(\text{b,e}) = \sqrt{34},$$

$$d(\text{c,d}) = 3, \ d(\text{c,e}) = 5,$$

$$d(\text{d,e}) = 4.$$

ここで距離 $d(\cdot,\cdot)$ を行列で書き，**距離行列**を作成する。

$$
\begin{array}{c}
\\ \text{a} \\ \text{b} \\ \text{c} \\ \text{d} \\ \text{e}
\end{array}
\begin{array}{ccccc}
\text{a} & \text{b} & \text{c} & \text{d} & \text{e} \\
\left(\begin{array}{ccccc}
0 & 2 & 3 & 3\sqrt{2} & \sqrt{58} \\
2 & 0 & 1 & \sqrt{10} & \sqrt{34} \\
3 & 1 & 0 & 3 & 5 \\
3\sqrt{2} & \sqrt{10} & 3 & 0 & 4 \\
\sqrt{58} & \sqrt{34} & 5 & 4 & 0
\end{array}\right)
\end{array}
$$

例えば，2 行 5 列の成分は $d(\text{b,e}) = \sqrt{34}$ である。$d(\text{e,b}) = d(\text{b,e})$ で
あるから，5 行 2 列の成分も $\sqrt{34}$ である。このように，行と列を入れ
替えても変わらない行列を**対称行列**とよぶ。したがって，距離行列は
右上半分だけを書いてもよい。

(Step1) クラスターでまとめていくとき，クラスターを形成した距離 (**融合距
離**) も書き入れ，**デンドログラム** (dendrogram, 樹形図) という図で表
す。図で最も短い距離は

$$d(\text{b,c}) = 1$$

であるから，クラスター

$$\{\text{b,c}\}$$

を作る。

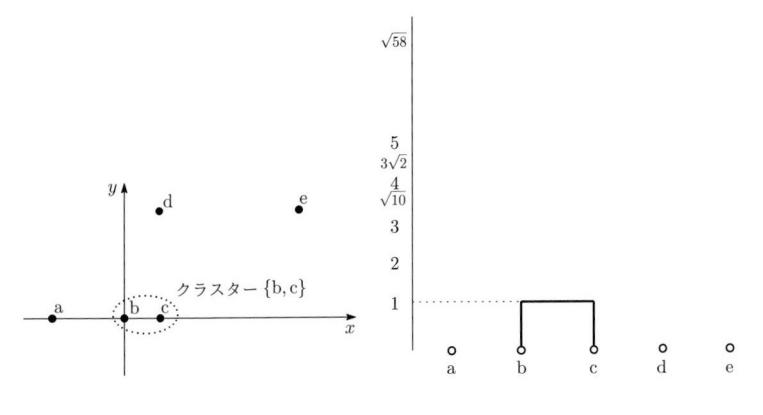

(Step2) クラスター $\{b,c\}$ と他の点の距離も計算して，距離行列を書き直す。例えばクラスター $\{b,c\}$ と $\{e\}$ の距離を計算するためには，c と e のほうが b と e より近いので

$$d(\{b,c\},e) = d(c,e) \leq d(b,e)$$

となり，距離は

$$d(c,e) = 5$$

となる。散布図で，クラスター間で距離の最も近い点をみれば，クラスター間の距離をある程度は目視できる。

$$
\begin{array}{c}
\begin{array}{cccc} \text{a} & \{b,c\} & \text{d} & \text{e} \end{array} \\
\begin{array}{c} \text{a} \\ \{b,c\} \\ \text{d} \\ \text{e} \end{array}
\left(
\begin{array}{cccc}
0 & 2 & 3\sqrt{2} & \sqrt{58} \\
2 & 0 & 3 & 5 \\
3\sqrt{2} & 3 & 0 & 4 \\
\sqrt{58} & 3\sqrt{2} & 4 & 0
\end{array}
\right)
\end{array}
$$

この中で，最も短い距離は

$$d(\{b,c\},a) = 2$$

であるので，クラスター

$$\{b,c\} \cup \{a\} = \{a,b,c\}$$

を作る。

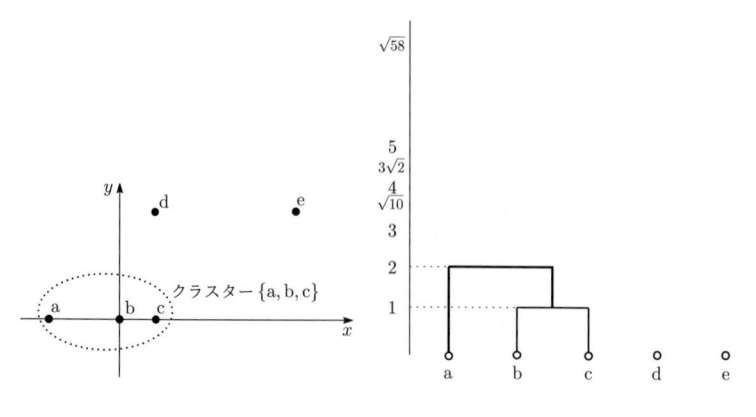

(Step3) クラスター $\{a, b, c\}$ と他の点の距離も計算して距離行列を書き直す。

$$
\begin{array}{cc}
 & \begin{array}{ccc} \{a, b, c\} & d & e \end{array} \\
\begin{array}{c} \{a, b, c\} \\ d \\ e \end{array} &
\left(
\begin{array}{ccc}
0 & 3 & 3\sqrt{2} \\
3 & 0 & 3 \\
3\sqrt{2} & 3 & 0
\end{array}
\right)
\end{array}
$$

この中で，一番小さいのは $d(\{a, b, c\}, d)$ もしくは $d(d, e)$ になっている。実データでは，最短の距離は滅多に同じにならないが，ここではどちらか一方，例えば $d(d, e)$ を選んでクラスター

$$\{d, e\}$$

を作る。

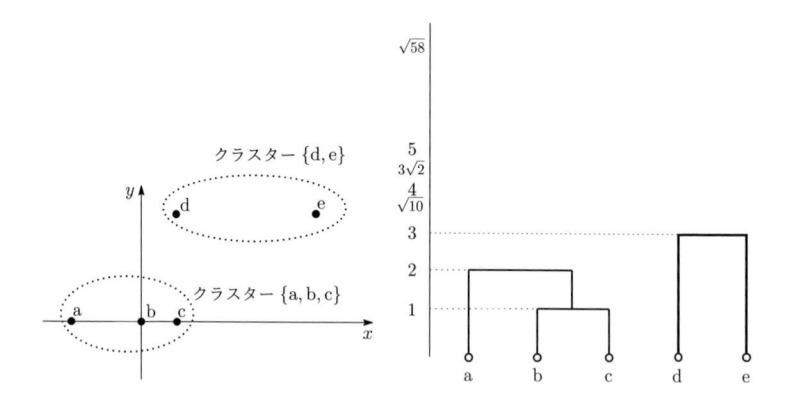

(Step4) クラスター $\{a, b, c\}$ とクラスター $\{d, e\}$ の距離は

$$d(\{a,b,c\},\{d,e\}) = 3$$

である。距離行列を書くと

$$
\begin{array}{cc}
 & \{a,b,c\}\ \ \{d,e\} \\
\begin{array}{c}\{a,b,c\}\\\{d,e\}\end{array} & \left(\begin{array}{cc} 0 & 3 \\ 3 & 0 \end{array}\right)
\end{array}
$$

となり，この中で最も短い距離は，あたりまえだが $d(\{a,b,c\},\{d,e\})$,
よって，クラスターは

$$\{a,b,c,d,e\}$$

となる。

ラインが重なってしまうので，
ほんの少しずらして書いた.

クラスターの分類は，散布図がなくても距離がわかれば実行できる[30]。

●例題 **7.2.** 距離行列が

$$
\begin{array}{c}
\begin{array}{ccccc}a & b & c & d & e\end{array}\\
\begin{array}{c}a\\b\\c\\d\\e\end{array}\left(\begin{array}{ccccc}
0 & 8 & 3 & 7 & 10\\
8 & 0 & 6 & 5 & 12\\
3 & 6 & 0 & 11 & 2\\
7 & 5 & 11 & 0 & 9\\
10 & 12 & 2 & 9 & 0
\end{array}\right)
\end{array}
$$

のとき，最短距離法によってクラスタリングせよ。

---

30) 上述の最短距離法の他に，最長距離法，群平均法，重心法，メディアン法，ウォード法など
が知られている。

(Step1) 最も短い距離は $d(c, e) = 2$ であ
るから，クラスター $\{c, e\}$ を作る。
この際, 結ぶ点の配置を並べ替えて
おく。図では，

$$a \rightarrow c \rightarrow e \rightarrow b \rightarrow d$$

とする。

(Step2) クラスター $\{c, e\}$ と他の点の距離を考えて，距離行列を書く。例えば
クラスター $\{c, e\}$ と $\{a\}$ の距離を求めるためには，a と c のほうが a
と e より近く，

$$d(a, \{c, e\}) = d(a, c) \leq d(a, e)$$

となるので，距離を $d(a, c) = 3$ とする。

$$
\begin{array}{c}
 & \begin{array}{cccc} a & \{c,e\} & b & d \end{array} \\
\begin{array}{c} a \\ \{c,e\} \\ b \\ d \end{array} &
\begin{pmatrix}
0 & 3 & 8 & 7 \\
3 & 0 & 6 & 9 \\
8 & 6 & 0 & 5 \\
7 & 9 & 5 & 0
\end{pmatrix}
\end{array}
$$

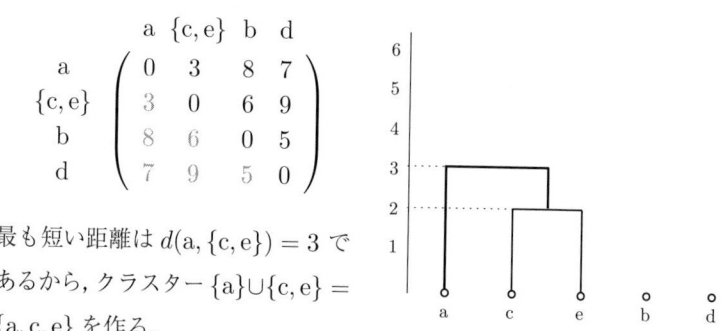

最も短い距離は $d(a, \{c, e\}) = 3$ で
あるから, クラスター $\{a\} \cup \{c, e\} =$
$\{a, c, e\}$ を作る。

(Step3) クラスター $\{a, c, e\}$ と他の点の距
離を考えて距離行列を書く。

$$
\begin{array}{c}
 & \begin{array}{ccc} \{a,c,e\} & b & d \end{array} \\
\begin{array}{c} \{a,c,e\} \\ b \\ d \end{array} &
\begin{pmatrix}
0 & 6 & 7 \\
6 & 0 & 5 \\
7 & 5 & 0
\end{pmatrix}
\end{array}
$$

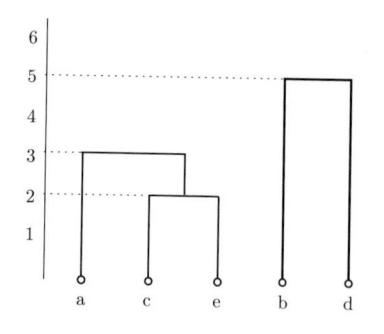

この中で, 最も短い距離は $d(b, d) =$
5 であるから, クラスター $\{b\} \cup$
$\{d\} = \{b, d\}$ を作る。

(Step4) クラスター $\{a, c, e\}$ とクラスター $\{b, d\}$ の距離は,

$$d(\{a, c, e\}, \{b, d\}) = 6$$

である。距離行列を書くと

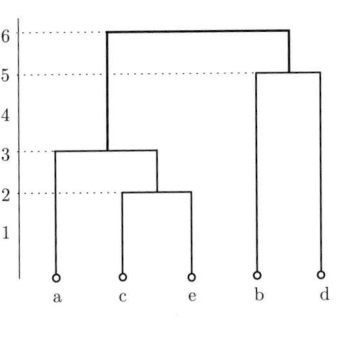

$$\begin{array}{cc} & \{a, c, e\} \quad \{b, d\} \\ \begin{matrix} \{a, c, e\} \\ \{b, d\} \end{matrix} & \begin{pmatrix} 0 & 6 \\ 6 & 0 \end{pmatrix} \end{array}$$

となり,この中で,最も短い距離は,あたりまえだが $d(\{a, c, e\}, \{b, d\}) = 6$. よって,クラスターは $\{a, b, c, d, e\}$ となる。

最後に作った図が,デンドログラムである。デンドログラムがわかれば,クラスター分解もみえるし,ほしい個数のクラスターに分けることができる。図 IV.22 は,高さ 4 で切り取ることで,3 つのクラスターに分けている様子を表している。

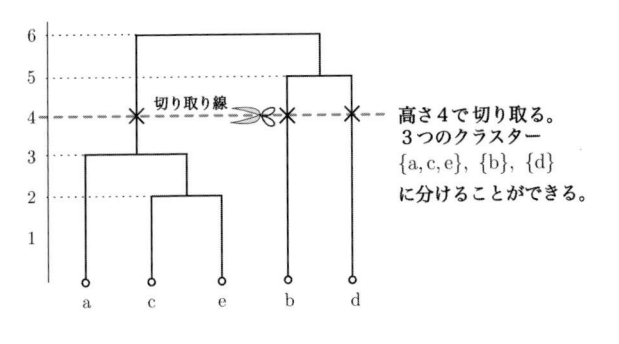

図 IV.22

また,上の例では $a \to c \to e \to b \to d$ の順番に並んでいる。点の並びの順序に決まりはないが,クラスターができた順に左からデータを並べると,線の被りなしに描ける。この例題の場合であれば

$$c \to e \to a \to b \to d$$

などと並べてからデンドログラムを描くとよい。

★**練習問題 IV.26.** 4 点 a, b, c, d のデータ間の距離行列が次のようであったとする。ただし，△ は 2 桁の任意の数字を選ぶ (例えば △ = 56)。

$$
\begin{array}{c}
\ \\
a \\
b \\
c \\
d
\end{array}
\begin{array}{cccc}
a & b & c & d \\
\left(\begin{array}{cccc}
0 & \triangle & 37 & 77 \\
\triangle & 0 & 58 & 85 \\
37 & 58 & 0 & 62 \\
77 & 85 & 62 & 0
\end{array}\right)
\end{array}
$$

以下，$\boxed{\phantom{xx}}$ には点 a, b, c, d もしくはクラスターを書き，空白 ____ には数字を入れよ。

(1) 最も，距離が短いのは，$d(\boxed{\phantom{xx}}, \boxed{\phantom{xx}}) = $ _____ .

    よって，最初のクラスターは，$\{\boxed{\phantom{xx}}, \boxed{\phantom{xx}}\}$ .

(2) クラスター $\{\boxed{\phantom{xx}}, \boxed{\phantom{xx}}\}$ と他の点の距離を考えて距離行列を再度書くと

$$
\begin{array}{c}
\ \\
\{\boxed{\phantom{x}}, \boxed{\phantom{x}}\} \\
\boxed{\phantom{x}} \\
\boxed{\phantom{x}}
\end{array}
\begin{array}{ccc}
\{\boxed{\phantom{x}}, \boxed{\phantom{x}}\} & \boxed{\phantom{x}} & \boxed{\phantom{x}} \\
\left(\begin{array}{ccc}
0 & \underline{\phantom{xx}} & \underline{\phantom{xx}} \\
\underline{\phantom{xx}} & 0 & \underline{\phantom{xx}} \\
\underline{\phantom{xx}} & \underline{\phantom{xx}} & 0
\end{array}\right)
\end{array} .
$$

    よって，新たなクラスターは

        $\boxed{\phantom{xxxxxx}}, \boxed{\phantom{xxxxxx}}$ .

(3) クラスター $\boxed{\phantom{xxxxx}}$ と $\boxed{\phantom{xxxxx}}$ の距離を考えて距離行列を再度書くと

$$
\begin{array}{c}
\ \\
\boxed{\phantom{xx}} \\
\boxed{\phantom{xx}}
\end{array}
\begin{array}{cc}
\boxed{\phantom{xx}} & \boxed{\phantom{xx}} \\
\left(\begin{array}{cc}
0 & \underline{\phantom{xx}} \\
\underline{\phantom{xx}} & 0
\end{array}\right)
\end{array} .
$$

# 8. テキスト解析

## 8.1 ビッグデータとデータマイニング

ビッグデータとは，大量であるだけでなく，多様な形，性質，種類をもつデータという意味である。IT 用語辞典[31]では，次のように説明されている。

"ビッグデータとは，従来のデータベース管理システムなどでは記録や保管，解析が難しいような巨大なデータ群のことである。明確な定義があるわけではなく，企業向け情報システムメーカーのマーケティング用語として多用されている。多くの場合，ビッグデータとは単に量が多いだけでなく，様々な種類・形式が含まれる非構造化データ・非定型的データであり，さらに，日々膨大に生成・記録される時系列性・リアルタイム性のあるようなものを指すことが多い。今までは管理しきれないため見過ごされてきたそのようなデータ群を記録・保管して即座に解析することで，ビジネスや社会に有用な知見を得たり，これまでにないような新たな仕組みやシステムを産み出す可能性が高まるとされている。"

また，データマイニング (data mining) とは，データから情報を抽出し，自動的に傾向やパターンを発見する分析手法で，例えばビジネスなどでは，顧客の購買行動などのデータを分析することにより，商品の購入率の予測や商品の分類，商品と顧客の関連データ発掘などに用いられている。

一般に「構造化データ」とは，Excel や CSV ファイルなどで表現されるような，「列」と「行」の概念をもつデータを指し，データに対して「行」や「列」で意味をもたせ「構造化」し格納したものである。これに対して，「非構造化データ」とは，メール文書，プレゼンテーション，ワード文書，画像や動画などのデータ (ファイル) のように，データ単体で意味をもち，それぞれで用途が異なるため，データベースとして，ある特定の条件に当てはまる「データ」を複数集めて整理した情報のかたまりでは扱うことが難しいデータのことである。

本節では，ビッグデータのなかでも特に「テキストデータ」を対象にして，非構造化データの解析やマイニングを行う技術である「テキスト解析」や「テキストマイニング」を紹介する。

---

31) http://e-words.jp/w/ビッグデータ.html より引用。

## 8.2  共 起 頻 度

テキスト解析には膨大な理論があるが，ここでは汎用性の高い**共起頻度** (2 つ の語が同時に現れる割合) について紹介する[32]。

**定義** 8.1 (**シンプソン係数**). 例を用いて説明する。ネットの検索で，適当な 単語 ○ を検索すると集合 $X$ が，△を検索すると集合 $Y$ が検索されるとすれ ば，単語 ○ かつ △ で集合 $X \cap Y$ が検索されることになる。このとき，2 単 語 ○ と △ の共起の強さを

$$\frac{|X \cap Y|}{\min(|X|, |Y|)} \tag{IV.12}$$

と定義し，**シンプソン** (Simpson) **係数**とよぶ。なお，$0 \leq \dfrac{|X \cap Y|}{\min(|X|, |Y|)} \leq 1$ である。ただし，記号 $\min(\square, \star)$ は $\square$ と $\star$ の小さいほうを表し，$|A|$ は集合 $A$ の要素数を表す。

この値は**重複係数** (Overlap Coefficient, または Szymkiewicz–Simpson co-efficient) ともよばれ，2 単語が共通して使われる頻度を表している。

○**例 8.1.** X 氏の苗字を Google で検索すると，2,690,000 件。名前を検索する と，458,000 件。姓名で検索すると，4,210 件になった。X 氏の苗字と名前の 共起頻度 (シンプソン係数) は

$$\frac{4,210}{\min(2,690,000, 458,000)} = 0.00919\cdots$$

である。

○**例 8.2.** "Osaka" を Google で検索すると，192,000,000 件。"University" を 検索すると，4,850,000,000 件，"Osaka University" を検索すると，78,500,000 件 であった。また，"Takoyaki" は 48,700,000 件，"Osaka Takoyaki" は 1,110,000 件，"University Takoyaki" は 12,600,000 件であった。

これらより "Osaka" と "University" の共起頻度 (シンプソン係数) は

$$\frac{78,500,000}{\min(192,000,000, 4,850,000,000)} = 0.40885\cdots,$$

---

32)  この共起頻度についても膨大な文献がある。以下に述べるシンプソン係数の代替も数多く提 案され，言語学や情報学で研究されている。

"Osaka" と "Takoyaki" の共起頻度 (シンプソン係数) は

$$\frac{1,110,000}{\min(192,000,000,\ 48,700,000)} = 0.00578\cdots,$$

"University" と "Takoyaki" の共起頻度 (シンプソン係数) は

$$\frac{12,600,000}{\min(4,850,000,000,\ 48,700,000)} = 0.25872\cdots$$

となる。

　ここで, シンプソン係数の逆数を単語間の「距離」と思って, クラスター分析を実行してみよう。すなわち, 距離の小さいところから順番にまとめていく操作を繰り返し, デンドログラムを作成する[33]。

　まず, 距離行列は

$$\begin{array}{cccc} & \text{Osaka} & \text{University} & \text{Takoyaki} \\ \text{Osaka} & 0 & \frac{1}{0.408\cdots} & \frac{1}{0.005\cdots} \\ \text{University} & \frac{1}{0.408\cdots} & 0 & \frac{1}{0.258\cdots} \\ \text{Takoyaki} & \frac{1}{0.005\cdots} & \frac{1}{0.258\cdots} & 0 \end{array}$$

となる。単語が 3 つしかないので, 最初は, 0 でない距離のなかで最も小さい

$$\{\text{Osaka}, \text{University}\}$$

でまとめる。結局, デンドログラムは右図のようになる。

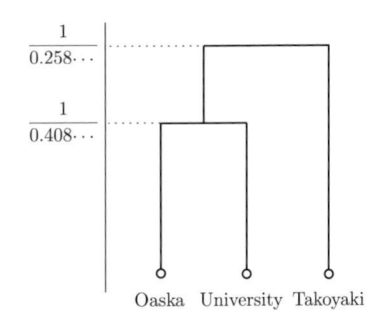

---

33) クラスター分析には最短距離法以外の手法もたくさんあり, 現在では最短距離法を使うことは少ないが, 分析データが少数であるので以下では簡明な最短距離法を使う。

## 8.3  テキスト解析

　前小節では単語についてであったが，共起頻度は**テキスト解析**でも使うことができる。テキスト中の一文中に調べている単語が同時に出てくれば，共起頻度を数えることにすればよい。テキスト解析では，自然言語処理 (形態素解析など) とよばれる方法も用いられるが，ここでは文章を単語ごとに分割することのみを扱う。例文で，数え方をみてみよう。

○例 **8.3** (「不思議の国のアリス」(Lewis Carroll 著) より)．どの言語でも単語に分ければ同様の分析ができるが，英文の場合，最初から文章は単語に分割 (わかち書き) してあるので数えやすい。

"**Alice**'s Adventures in Wonderland"
CHAPTER I. Down the Rabbit-Hole

**Alice** *was beginning to <u>get</u> very tired of sitting by her sister on the bank, and of having nothing to do: once or twice she had peeped into the book her sister was reading, but it had no pictures or conversations in it, "and what is the use of a book,"  thought* **Alice** *"without pictures or conversations?"*

　*So she was considering in her own mind (as well as she could, for the hot day made her feel very sleepy and stupid), whether the pleasure of making a daisy-chain would be worth the trouble of <u>getting</u> up and picking the daisies, when suddenly a White Rabbit with pink eyes ran close by her.*

　*There was nothing so very remarkable in that; nor did* **Alice** *think it so very much out of the way to hear the Rabbit say to itself, "Oh dear! Oh dear! I shall be late!" (when she thought it over afterwards, it occurred to her that she ought to have wondered at this, but at the time it all seemed quite natural); but when the Rabbit actually took a watch out of its waistcoat-pocket, and looked at it, and then hurried on,* **Alice** *started to her feet, for it flashed across her mind that she had never before seen a rabbit with either a waistcoat-pocket, or a watch to take out of it, and burning with curiosity, she ran across the field after it, and fortunately was just in time to see it pop down a large rabbit-hole under the hedge.*

　*In another moment down went* **Alice** *after it, never once considering how in the world she was to <u>get</u> out again.*

　*The rabbit-hole went straight on like a tunnel for some way, and then dipped suddenly down, so suddenly that* **Alice** *had not a moment to think about stopping herself before she found herself falling down a very deep well."*

上の例文で，**Alice** は **7** 回，get は 3 回と数えたとする。ここで，Alice と get の両方が使われている文は 2 文となっている。そこで Alice と get に対してシンプソン係数を

$$\frac{2}{\min(\mathbf{7}, 3)} = \frac{2}{3} = 0.6\cdots$$

とする。もちろん単語は他にもいろいろ現れているので，クラスター分析ではそれらのすべての組に対してシンプソン係数を求める。

実際には，手作業で共起頻度をすべての単語の間で数えることはできないので，手順をプログラムしてクラスタリングを行い，関係のある語をみつけたり，言葉の間の関係をみつける。テキスト解析やテキストマイニングはこれらの一連の作業を総称したものである。

図 IV.23, IV.24 は例 8.3 の英文をサンプルとして，ネット上のツールであるユーザーローカルテキストマイニングツール[34]を適用したものである。

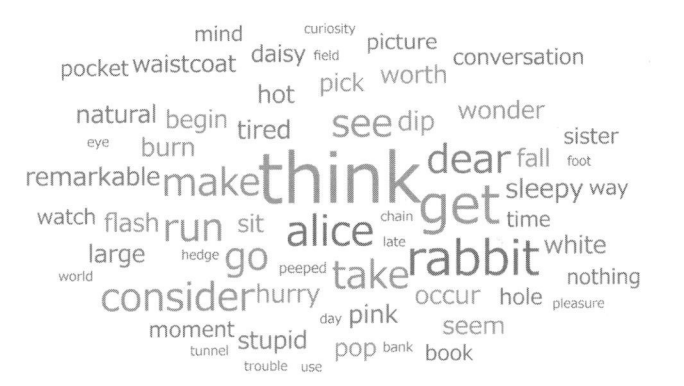

**図 IV.23**　ワードクラウド

図 IV.23 (口絵図 7) のほうは**ワードクラウド** (word cloud) とよばれていて，単語出現頻度が高いほど文字は大きく，関係の近い単語は近くに並ぶように配置されている。単語の色は品詞の種類で異なっており，青色が名詞，赤色が動詞，緑色が形容詞を表している。このほかにも様々な可視化方法が提案されて

---

34) `https://textmining.userlocal.jp/` を用いて作成。無料のテキストマイニングでは，KH Coder や統計ソフト R などがよく使われている。共起頻度には，プログラム開発元によりシンプソン係数以外の定義を採用することも多い。

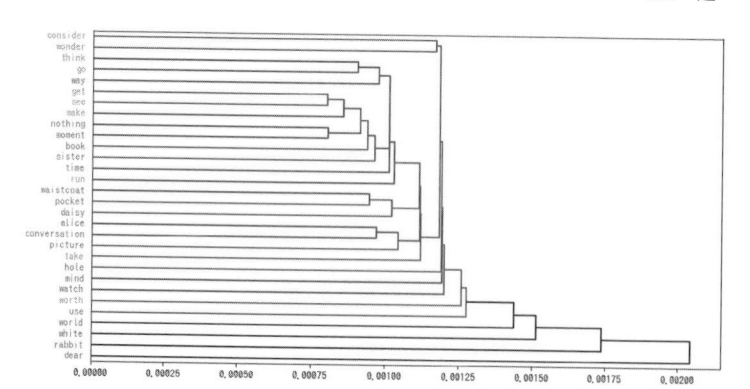

図 **Ⅳ.24** クラスター分析のデンドログラム

いる。図Ⅳ.24 (口絵図8) はクラスター分析のデンドログラムで，特に横向き
に表示したものである。

　共起頻度としてシンプソン係数を紹介したが，特殊な例文として

　"赤いリボンをつけた猫と黄色いリボンをつけた猫が，リボンを交換した。"
などでは，リボンが3回, 猫が2回, そして一文の中にリボンと猫がセットで **2回**
現れたと考えると，リボンと猫のシンプソン係数は

$$\frac{2}{\min(3,2)} = 1$$

となる。もちろん解析対象に応じて数え方を変える場合もある。現実のテキス
ト解析やテキストマイニングでは，長文であったり文章がたくさんあるので，
特殊な文章は最初から数える対象に含めないなどの対応もあるが，上記のよう
に，特別な事前情報や知識を利用しなくても大丈夫であることが多い。

## 8.4 テキスト解析の活用例

　テキストマイニングの活用について3つの例を紹介する[35]。

○例 **8.4** (Twitterなどの 呟 (つぶや) き). SNSや種々の掲示板に対して，テキストマイ
ニングが行われることがある。例えば企業は，ユーザーや顧客の声の詳細を拾

---

35) https://udemy.benesse.co.jp/ai/text-mining.html なども参照されたい。

うために文章の内容をテキストマイニングして分析することがあるが，Twitter
の場合，企業が販売している商品に対してユーザーが感じたこと，思ったこと
をすぐに書き込む傾向が強いのでよく使われている。

　図 IV.25 は，米国 トランプ前大統領の Twitter に連なるテキストデータ[36]
を，ユーザーローカルテキストマイニングツールでテキストマイニングした (全
データやクラスター分析のデンドログラムは省略) ワードクラウドである。国
家や平和などを強調していることがみえる。

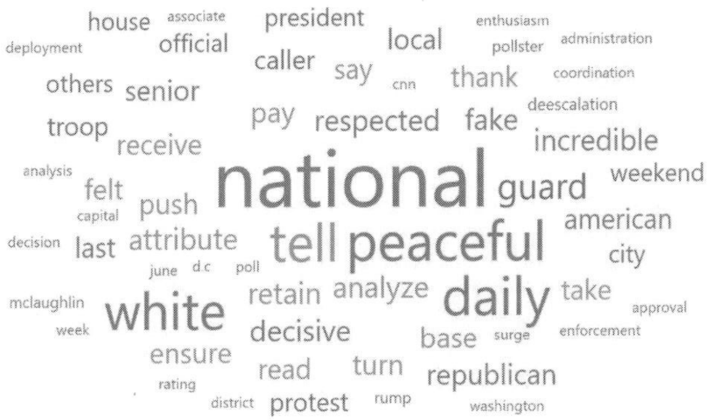

図 **IV.25**　　Twitter に連なるテキストデータのワードクラウド

○例 **8.5** (アンケートの分析)．アンケートは，商品やサービスを使用した顧客
の感想や意見が書き込まれるマーケティング手法の一つである。データマイニ
ングはアンケートの分析にも活用され，ビジネスでも研究の場でも活用されて
いる。従来のアンケートの場合，選択肢の中から答えを選択してもらう方式で
ないとデータ分析を行うのは困難であったが，テキストマイニングによって，自
由回答欄に書かれた文章もデータ分析をすることができるようになり，質問・
選択肢をつくる手間が省かれるようになっている。

---

36)　本書執筆当時 (2020 年 6 月) に，米国 トランプ大統領の Twitter にアクセス
し，書かれていた文章をもとに作成した。現在，トランプ大統領の Twitter アカウント
は永久停止処分で，アクセスできなくなっている。

○例 **8.6** (株式市場の予測). テキストマイニングでは，機械学習と組み合わせて，新聞記事から経済の流れや株式市場変動のデータ分析・予測を行う研究も進められている。ある経済新聞で頻繁に使用されている動詞と名詞，形容詞とそれぞれの単語に隣接している言葉にテキストマイニングを使用して分析したうえで市場の長期予測をしたところ，約 10 年間のデータ分析によって，市場平均株価の 60 ％ の騰落正答率を得たことがあったという[37]。

★練習問題 **IV.27.** 自分の苗字を ○，名前を △ とする。

(1) ○ を検索エンジン (Google, Yahoo など) で検索すると ＿＿＿＿＿＿ 件.

   △ を検索エンジンで検索すると ＿＿＿＿＿＿ 件.

   ○ △ を検索エンジンで検索すると ＿＿＿＿＿＿ 件.

   よって，○ と △ のシンプソン係数は

$$\boxed{\phantom{xxxxxxxxxxxxxxxxxxxxx}}.\quad (小数で)$$

(2) ☆ を自分の出身地とする (大体でよい)。○ △ ☆ に対して，検索エンジンとシンプソン係数の逆数を利用して，例 8.2 のようなデンドログラムを描け。もし，検索で 0 件となった場合，0 → 1 件にして考えてみよ。

# 9. 画像解析

## 9.1 画像解析の手順

本節ではビッグデータのなかの非構造化データのうち，「画像データを対象に解析を行う技術」，特に**画像解析**について紹介したい。画像解析もテキスト解析と同様に日進月歩であり網羅的に解説することはできないので，ごく一部を簡単に紹介する。

現在の画像解析の標準的な手順は以下のとおりである。

(Step1) **コンピュータビジョン**: ここでは，画像をデータ化するために人間の目ではなく機械のセンサによって光をとらえる技術を「コンピュータビジョン」とよび，スマートフォン，デジタルカメラ，スキャナーで写真や画像を撮ったり，ソフトで絵を描くことや CG (Computer Graphics) の作成もこの手順に含めることにする。

---

37) 「新聞記事のテキストマイニングによる長期市場動向の分析」藏本貴之 他著，人工知能学会論文誌 28 巻 3 号 SP-I (2013 年)，pp.291–296

(Step2) **画像データベース**：　コンピュータビジョンで得られた画像データを
保存する。画像データを集めたデータベースを「画像データベース」
とよぶ。バイナリデータ (画像ファイル本体) は通常の検索方法では検
索できないので，あらかじめ画像に付与された "メタデータ" を使っ
てデータを取り扱うのが一般的である。メタデータには画像ファイル
に名前を付けただけのもののほか，画像データの説明や他の付随する
情報 (ファイルサイズなど) を付与することもある。メタデータを付け
て整理したものは，データベースとして扱うことができる。画像の検
索は非常に難しい分野であるが，ニーズも高く，現在も研究者や企業
が続々と参入している。

(Step3) **画像処理**：　画像信号のなかからコンピュータが扱いやすい特徴を抽
出し，信号品質の改善や特徴づけを行う。画像処理は，画像解析にお
いて伝統的で中心的な位置を占めている分野でもあり，ノイズ除去な
どのフィルタリング技術や画像の加工といった技術などが代表的な例
である。「もとの画像から猫の画像だけを切り出す」といったパターン
認識をともなう曖昧な画像処理は，一昔前のコンピュータにとっては
判断しづらく苦手な領域であった一方，「一定強度以上の光が映ってい
る／いない」といった，ゼロイチでひたすら機械的に分類していくよ
うな画像処理は得意であった。

(Step4) **パターン認識**：　画像に含まれるパターンを読み取る。人間は画像を
見て「あ，猫だ」とか「虫が 3 匹写っている」と読み取れるが，これ
は猫や虫のパターンが頭の中に入っているからできることである。こ
の人間の認識をコンピュータが代替するのがパターン認識であり，深
層学習 (ディープラーニング) の技術の発展で実績も注目度も急上昇し
ている。

　画像解析が難しい理由は，デジタル画像は高次元データであり，的確に解析
するには情報が不足していることにつきる。例えば，3 次元空間にあるものを撮
影して，2 次元の平面画像にしてしまっている。解析する対象データの次元 (説
明変数の種類) が 2 次元や 3 次元だけのものであって，3 次元空間ならば空間座
標ごとにデータがあるなど欠損のないデータになっていれば，昔ながらの解析
学を応用して数理的に解く方法も知られている。一方で，画像解析を行おうと

するデータがそう単純ではない場合，人の顔ひとつ認識するだけでも，光の具合などのノイズを取り払い，エッジや色，パーツの形，パーツどうしの間隔といった様々な要素を単純化して，コンピュータはやっと「これは顔だ」と認識している可能性もある。この場合，人間は簡単に顔を認識できるのに，機械にやらせようとすると非常に難しい。"深層学習 (ディープラーニング) で学習させればよい" と思うかもしれないが，深層学習も単体では万能となりえない。ノイズを取り払ったり，フィルターを追加したり様々な工夫を凝らしたデータを与える (学習させる) ことで，ようやく高いパフォーマンスをだせるソフトウェアが作り出されているのが現状である。

　以前の画像解析は専用のハードウェアや専門的な知識を必要としていたが，近年では専門的な知識がなくても利用できる Google Cloud Vision API のようにクラウドコンピューティングを使用した画像解析のサービスが提供されるようになっており，利用するだけなら敷居はかなり低くなっている[38]。ただし，メカニズムやソフトウェア作成は極度に専門的である。

## 9.2　基本的な手法

　画像解析の基礎的な考え方を説明するために，まず，昔から研究利用されてきた光学文字認識 **OCR** (Optical Character Recognition) を紹介する。

　光学文字認識とは，文書の画像 (手書きの文書など) を文字コードの列に変換することである。手書き原稿をスキャナーなどで読み込んだとき，(Step1) のコンピュータビジョン，(Step2) の画像データベースまでは，機材の構造・能力やオペレーティングシステム (OS) にも関係する。以下では，これらはハードウェアの問題と考えて処理済みであるとする。また，画像データは，行列になっているとする。というのは，画像のもとデータはバイナリデータ，すなわち行列のように並んでいて，各成分は実数だと考えられるからである。

　例えば，(Step1) と (Step2) によって以下の行列のようなデータを得たとする。ここではモノクロ (白黒) のデータを数値化し，黒が強いほど 1 に近いとしている。カラーでも，色の 3 原色として光の 3 原色 (RGB) や色料の 3 原色 (CMY) に分解すれば，データ化することができる。

---

38) https://cloud.google.com/vision/?refresh=#vision-api-

$$\begin{pmatrix} 0.1 & 0.43 & 0.6 & 0.7 \\ 0.01 & 0.81 & 0.7 & 0.3 \\ 0.89 & 0.52 & 0.21 & 0.9 \\ 0.6 & 0.01 & 0.11 & 0.8 \end{pmatrix}$$

次の式では，2 進数 0, 1 で数値化している．ただし，あくまで例として各成分を小数第 1 位で四捨五入して記した．(Step2) や (Step3) の手順にも明確な区切りはないので，(Step3) の画像処理の一環として，2 進化を考える場合もある．

$$\begin{pmatrix} 0.1 & 0.43 & 0.6 & 0.7 \\ 0.01 & 0.81 & 0.7 & 0.3 \\ 0.89 & 0.52 & 0.21 & 0.9 \\ 0.6 & 0.01 & 0.11 & 0.8 \end{pmatrix} \implies \begin{pmatrix} 0 & 0 & 1 & 1 \\ 0 & 1 & 1 & 0 \\ 1 & 1 & 0 & 1 \\ 1 & 0 & 0 & 1 \end{pmatrix}$$

このようにして文字の画像データを行列の数値の並びとして認識させる方法が OCR である．

## 9.3　画像処理

(Step3) の画像の処理では，画像の局所領域に着目して，その内容を記述する**局所特徴** (local feature) の抽出がよく用いられている．画像中から特定の物体を発見するときなどは，**大域特徴** (global feature) よりも局所特徴や検出器とよばれる技術を使うことが多い．ここでは，ノイズ除去や画像の圧縮などにも使われる**フィルタリング**について紹介する．

**定義 9.1 (空間フィルタリング).** 入力画像を大きな $m \times n$ 行列 $I$ とする[39]．自然数 $N$ を定め，注目する画素を $(x, y)$ 成分として，そのまわりの $(2N+1) \times (2N+1)$ 個の画素を切り出すと，$(2N+1) \times (2N+1)$ の正方行列 $F_{i,j}$ (**カーネル (行列)** という) が得られる．そのとき，

$$\begin{aligned} \widetilde{I}_{x,y} &= \sum_{j=-N}^{N} \sum_{i=-N}^{N} F_{i,j} I_{x+i,y+j} \\ &= (F_{-N,-N} I_{x-N,y-N} + F_{-N,-N+1} I_{x-N,y-N+1} + \cdots \\ &\quad + F_{-N,N-1} I_{x-N,y+N-1} + F_{-N,N} I_{x-N,y+N}) \end{aligned}$$

---

39)　この $I$ は Image の頭文字で，画像データの行列であって単位行列の意味ではない．また，画像データは通常の行列の「行」「列」読みとは対応させないことが多いが，以下の議論には影響しない．

$$+ (F_{-N+1,-N} I_{x-N+1,y-N} + F_{-N+1,-N+1} I_{x-N+1,y-N+1} + \cdots$$

$$+ F_{-N+1,N-1} I_{x-N+1,y+N-1} + F_{-N,N} I_{x-N,y+N})$$

$$+ \cdots$$

$$+ (F_{N,-N} I_{x+N,y-N} + F_{N,-N+1} I_{x+N,y-N+1} + \cdots$$

$$+ F_{N,N-1} I_{x+N,y+N-1} + F_{N,N} I_{x+N,y+N})$$

とおき，$\widetilde{I} = (\widetilde{I}_{x,y})$ を行列 $I$ のカーネル $F_{i,j}$ による**フィルタリング** (filtering) とよぶ。

○**例 9.1** (**平滑化** (smoothing))**．** カーネル $F_{i,j}$ を 3 行 3 列の正方行列

$$\mathbf{F} = \frac{1}{9} \begin{pmatrix} 1 & 1 & 1 \\ 1 & 1 & 1 \\ 1 & 1 & 1 \end{pmatrix}$$

としてみる。これは，注目している画素 $(x, y)$ のまわりの 9 個の値の平均をとることに対応する。

定義 9.1 の $\sum$ 記号の意味を考えて書き下してみると，図 IV.26 でイメージしているように

$$\widetilde{I}_{x,y} = \frac{1}{9} (I_{x-1,y-1} + I_{x-1,y} + I_{x-1,y+1} + I_{x,y-1} + I_{x,y}$$

$$+ I_{x,y+1} + I_{x+1,y-1} + I_{x+1,y} + I_{x+1,y+1})$$

である。

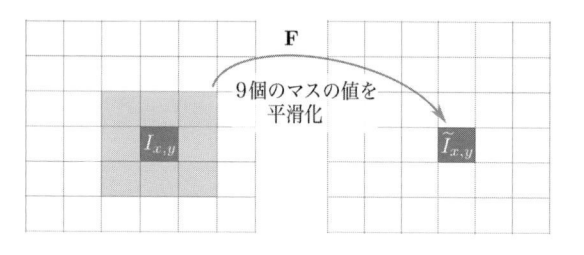

**図 IV.26**

この図 IV.26 では，注目している画素は縁になく，画素 ■ のまわりにも画素がある。したがって，このフィルタリングは縁にない画素に対して定義されるものと考える。

　このフィルタリングは大ざっぱなものだが，平滑化 (平均化) によって細かい
ノイズを消すことができる[40]。

○例 **9.2** (プリューウィットフィルター (Prewitt filter))．画像データの中で物
体の縁などをとらえることができれば，細かく切り出して局所特徴にするなど
の方法で，画像の情報を取り出すことができる。そこで用いられているフィル
ターが，**エッジ検出器**とよばれるものである。**プリューウィットフィルター**は
簡単な例である[41]。

　このプリューウィットフィルターのカーネル行列は

$$\mathbf{F}_x = \begin{pmatrix} -1 & 0 & 1 \\ -1 & 0 & 1 \\ -1 & 0 & 1 \end{pmatrix}, \qquad \mathbf{F}_y = \begin{pmatrix} -1 & -1 & -1 \\ 0 & 0 & 0 \\ 1 & 1 & 1 \end{pmatrix}$$

で与えられる。定義 9.1 の $\sum$ 記号の意味を考えて，カーネル $\mathbf{F}_x$ によるフィル
タリングを書き下してみると

$$\widetilde{I}_{x,y} = \{(I_{x+1,y+1} - I_{x-1,y+1}) + (I_{x+1,y} - I_{x-1,y})$$
$$+ (I_{x+1,y-1} - I_{x-1,y-1})\}$$

となる。画像の処理では，$xy$ 平面座標とそこでの画素の値を行列に対応させる
ので，この式は $x$ 成分が動いたときの要素 (画素の値) の大きさの変化 (差分)
を表していて，物体の縁にあたるところでは大きくなる。つまり，縁 (エッジ)
をとらえているとみなすことができる。

　図 IV.27, IV.29, IV.30 (口絵図 10 (a), (c), (d)) はこの方法で画像処理したも
ので，順にもと画像，カーネル $\mathbf{F}_x$ によるフィルタリング，カーネル $\mathbf{F}_y$ によ
るフィルタリングである。建物などの物体や光の影などの縁をとらえているこ
とがみてとれる。

---

40)　なおノイズの除去にもガウシアンフィルター (Gaussian filter)，バイラテラルフィルター
(bilateral filter) など，様々な方法がある。

41)　その他，ソーベルフィルター (Sobel filter)，キャニーエッジ検出器 (Canny edge detector)，
ラプラシアン・ガウシアンフィルター (Laplacian of Gaussian filter, LOG フィルター) などが
ある。

図 **IV.27** もと画像

図 **IV.28** 水平方向 + 垂直方向

図 **IV.29** カーネル $\mathbf{F}_x$ によ
るフィルタリング (水平方向)

図 **IV.30** カーネル $\mathbf{F}_y$ によ
るフィルタリング (垂直方向)

ここでは (Step3) の画像処理について説明したが，局所特徴をとらえたあと
の (Step4) のパターン認識にもかかわる統計的特徴抽出，コーディングとプー
リングとよばれる技術，機械学習まで含めて (Step3) の画像処理として説明し
ていることも多い。いずれも専門性の高い話題であるが，若干補足をする。

(1) 局所特徴の抽出： 局所領域の画像データをある一定の規則を使ってベ
クトルに置き換える。

(2) 統計的特徴抽出： 主成分分析，フィッシャー線形判別分析，正準相関
分析，偏最小二乗法などとよばれる統計学の多変量解析の方法を使うと，
ノイズや外乱の影響を受けにくい頑健な情報を数値化して抽出できる。

(3) コーディング： 画像中のいくつかの局所特徴を適当なベクトルに変換
する。

(4) プーリング:　画像中に存在する複数のコーディング後のベクトルを，
　　1つのベクトルにまとめる。

## 9.4　パターン認識

前節で述べた手順に明確な区切りがあるわけではないが，理論の雰囲気を伝
えるために，(Step4) の**パターン認識**について簡単に説明する。

§9.3の手続きで局所特徴を抽出したあと，パターン認識では次のような処理
が行われる。これらは，スマートフォン，デジタルカメラ，スキャナーで体験
することができる。

(1) 物体認識:　入力画像に写る物体を認識し，適切なラベルを付ける。

(2) シーン認識:　写っている複数の物体が全体で意味のなす状況を表現する。

(3) インスタンス認識:　入力画像が表す物体を認識する。例えば，レイン
　　ボーブリッジの画像が入力されたとき，「橋」と出力するのではなく，「レ
　　インボーブリッジ」と出力する。

(4) クラス認識:　入力画像の物体の属する概念を予測する。例えば，レイ
　　ンボーブリッジの画像が入力されたとき，「橋」と出力する。

上記の処理では，統計学の多変量解析で現れる**k-近傍法**や，**サポートベクター
マシン**，**深層学習**とよばれる方法がよく使われている。教師あり学習のパター
ン認識モデルで多く用いられ，現在知られている方法のなかで高い認識性能を
発揮している。

ここでは，上記のパターン認識をごく簡略化して考察してみよう。まず，§9.2
で述べた OCR，もしくは写真を撮影して，そのなかから局所特徴として文字
を切り出したとする。例えば，画像データ IV.31 が与えられたとする。

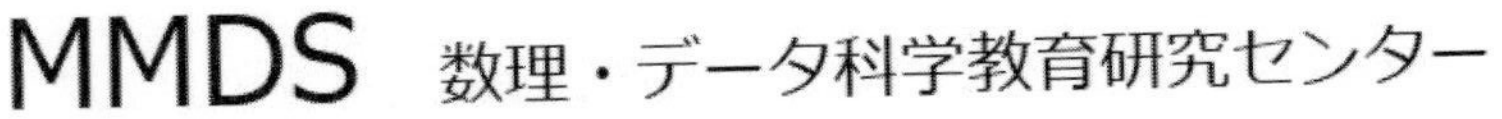

## MMDS　数理・データ科学教育研究センター

図 IV.31

(Step3) で局所抽出すれば，図 IV.32 の枠 [　　　] のように，文字ごとのデー
タがとらえられる。

 数理・データ科学教育研究センター

図 **IV.32**

このような局所特徴を抽出する作業は，前節の例 9.2 などのフィルターやエッジ検出器を利用し，自動化して行う。例えば，最初の M は画像処理をして，図 IV.33 のような行列に置き換えることができる。

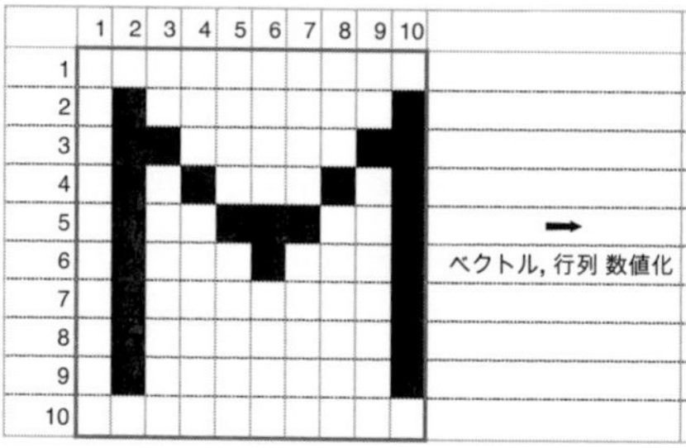

ベクトル, 行列 数値化 →

| | 1 | 2 | 3 | 4 | 5 | 6 | 7 | 8 | 9 | 10 |
|---|---|---|---|---|---|---|---|---|---|---|
| 1 | 0 | 0 | 0 | 0 | 0 | 0 | 0 | 0 | 0 | 0 |
| 2 | 0 | 1 | 0 | 0 | 0 | 0 | 0 | 0 | 0 | 1 |
| 3 | 0 | 1 | 1 | 0 | 0 | 0 | 0 | 0 | 1 | 1 |
| 4 | 0 | 1 | 0 | 1 | 0 | 0 | 0 | 1 | 0 | 1 |
| 5 | 0 | 1 | 0 | 0 | 1 | 1 | 1 | 0 | 0 | 1 |
| 6 | 0 | 1 | 0 | 0 | 0 | 1 | 0 | 0 | 0 | 1 |
| 7 | 0 | 1 | 0 | 0 | 0 | 0 | 0 | 0 | 0 | 1 |
| 8 | 0 | 1 | 0 | 0 | 0 | 0 | 0 | 0 | 0 | 1 |
| 9 | 0 | 1 | 0 | 0 | 0 | 0 | 0 | 0 | 0 | 1 |
| 10 | 0 | 0 | 0 | 0 | 0 | 0 | 0 | 0 | 0 | 0 |

図 **IV.33**

そこで (Step4) では，行列を文字 M と認識させることになる。そのためにコンピュータ上には，アルファベットの文字を $10 \times 10$ の行列で 2 進化して与えられた大量の教師データがあるとする。最小二乗法による回帰分析によって，文字 M の教師データに最も近くなれば，行列を文字 M と判定 (認識) する。

すなわち，各アルファベット △ に対して，大量の教師データ $10 \times 10$ 行列 $\triangle_i$ $(i = 1, 2, \cdots, \ell)$ が与えられている。すると，右上図の行列を $M$ とするとき，

$$\sum_{i=1}^{\ell} |M - \triangle_i|^2 = |M - \triangle_1|^2 + |M - \triangle_2|^2 + \cdots + |M - \triangle_\ell|^2$$

が得られるので，この値を最小にする △ を探し出して，$M$ を △ と判別する。このとき用いた行列の距離 (絶対値) は，行列の成分を 1 列から 10 列まで順番に並べれば 100 次元のベクトルになるので，ここでの行列の距離 $|M - \triangle_i|$ は 100 次元ベクトル間の距離のことである。

試しに Google drive[42] を用いて，先ページの画像にある文字を認識させてみ

---

42) https://www.google.co.jp/drive/apps.html

図 **IV.34**

よう。Google ドキュメントが画像から文字を拾って OCR するので，図 IV.31 の画像データを使うと，図 IV.34 のような画面が現れる。

★練習問題 **IV.28.** 以下の画像 (左図) がある。画像データを $I_{x,y}$ とする。ただし $10 \times 10$ で区切り，$x, y$ 軸方向に対応してデータ化されているものとする。すなわち，$I_{a,b}$ は図画像の $x = a, y = b$ の場所を読むことにする。例えば，$I_{2,2} = 0$, $I_{2,5} = 1$ である。$I_{9,9} = \triangle$ として，$\triangle$ に適切な数を入れ，以下の問いに答えよ。

ベクトル, 行列 数値化 →

| y座標 ↑ | 1 | 2 | 3 | 4 | 5 | 6 | 7 | 8 | 9 | 10 |
|---|---|---|---|---|---|---|---|---|---|---|
| 10 | 0 | 0 | 0 | 0 | 0 | 0 | 0 | 0 | 0 | 0 |
| 9 | 0 | 0 | 0 | 1 | 1 | 1 | 1 | 0 | △ | 0 |
| 8 | 0 | 0 | 0 | 1 | 1 | 1 | 1 | 1 | 0 | 0 |
| 7 | 0 | 1 | 1 | 1 | 1 | 1 | 1 | 1 | 1 | 0 |
| 6 | 0 | 1 | 1 | 1 | 0 | 0 | 1 | 1 | 1 | 0 |
| 5 | 0 | 1 | 1 | 1 | 0 | 0 | 1 | 1 | 1 | 0 |
| 4 | 0 | 1 | 1 | 1 | 1 | 1 | 1 | 1 | 1 | 0 |
| 3 | 0 | 0 | 1 | 1 | 1 | 1 | 1 | 1 | 0 | 0 |
| 2 | 0 | 0 | 0 | 1 | 1 | 1 | 1 | 0 | 0 | 0 |
| 1 | 0 | 0 | 0 | 0 | 0 | 0 | 0 | 0 | 0 | 0 |
| | 1 | 2 | 3 | 4 | 5 | 6 | 7 | 8 | 9 | 10 | → x座標 |

(1) 注目している画素 $I_{8,8}$ について，例 9.1 にならって平滑化 (平均化) を行うと

$$\widetilde{I}_{8,8} = \frac{1}{9} \left( I_{7,7} + I_{7,8} + I_{7,9} + I_{8,7} + I_{8,8} + I_{8,9} + I_{9,7} + I_{9,8} + I_{9,9} \right)$$

$$= \boxed{\phantom{xxxxxxxxxx}} \, .$$

(2) 注目している画素 $I_{8,8}$ について，例 9.2 (プリューウィットフィルター) にならって，カーネル $\mathbf{F}_x$ によるフィルタリングを行うと

$$\widetilde{I}_{8,8} = \{(I_{9,9} - I_{7,9}) + (I_{9,8} - I_{7,8}) + (I_{9,7} - I_{7,7})\}$$

$$= \boxed{\phantom{XXXXXXXXXXX}} .$$

# 10. ビッグデータ利活用の実際

## 10.1 画像解析とビッグデータ

画像認識の教師データとして巨大なデータが利用されるようになっている。一般画像を分類し，文字でなくても認識する能力をもったソフトも現れている。例えば，画像認識のサンプルとして前述の Google Cloud Vision API を使ってみると図 IV.35 のようになる。

図 IV.35 [43]

---

43) 画像は http://www.ashinari.com/2014/09/08-390353.php?category=50 より引用。

　左がもとの画像で，猫が 3 匹いる。画像中の四角の枠が局所特徴を抽出するための枠になっている。最終的に右画面で "Cat" として認識されていることがわかる。簡単な認識のようだが，膨大な教師データが必要であり，コンピュータの能力向上があってはじめて実現できたものである。

　様々な発明や実用化の努力の結果，高精度な画像解析技術が世に広まりつつある。しかし，そのもとになっているニーズは「画像解析の精度」だけではない[44]。例えば，次のようなものがある。

(1) **低コスト・時間削減**：　工場での検品やセキュリティカメラなど，大量のデータを休みなく次々と解析し続ける必要がある。

(2) **再現性**：　どんな人の手書き文字でもきちんと読み取る必要がある。

　人間の手作業には限界がある以上，画像解析はこれからも必要とされ，画像解析技術が発展するにつれ，また新たなニーズが開拓されるかもしれない。そもそも画像解析とは，「画像を解析し，そこに写っているものの意味を理解すること」を目的としている。しかし「意味を理解する」とは，一体どういうことか，ここで再考してみよう。画像解析の文脈でいう「意味」とは，以下の 3 つを指す言葉として使われている。どの「意味」を理解しようとするかによって，画像解析の手法も変化する。

(1) 画像検出 (detection)：　画像のどこに領域があるか。

(2) 画像セグメンテーション (segmentation)：　画像の領域にある物体はどのようなものか。

(3) 画像識別・画像分類 (classification)：　その画像全体は何を表しているか。

　画像解析を自動的に処理するためには，ランダムに映し出された映像のなかから，目的とするものを自分で発見させる「検出」が必要である。クラス (種類) と一緒に物体の位置を予測することを**物体検出** (object detection) とよぶ。画像から物体のクラスを予測するだけでなく，クラスとその物体を含む矩形 (バウンディングボックスとよばれる) も予測する必要がある。

　画像の規則性 (特徴量) の発見・検出手法として深層学習が注目されているが，伝統的な解析手段 (コントラスト変換・ノイズ除去・ヒストグラム変換・パター

---

44)　https://goworkship.com/magazine/image-analysis，https://qiita.com/ 等を参照。

ンマッチング・エッジ検出) も有効である。回帰分析，主成分分析，判別分析，正準相関分析，ロバスト統計といった統計技術も欠かせない。

また，画像に何が写っているかをコンピュータが識別するには，まず識別対象を知る必要がある。加えて，識別対象どうしの「違い」を知る必要がある。例えば，人間と猫を見分ける際，我々であれば「直立しているか，四足で立っているか」「けむくじゃらか，そうでないか」といった特徴の違いなどから一目で判断できるが，ソフトウェアは文字どおり機械的な数値の羅列からそれを判断する。

そのためには，画像の規則性 (特徴量) の発見が必要となる。§9.3 や §9.4 で述べたように，コンピュータにとっての「識別」は「規則性 = 特徴量の発見」が要となる。

## 10.2　ビッグデータ利活用にあたって

ビッグデータでも，1 次データ，2 次データ，3 次データのように分類してよばれることがある。1 次データは自分 (自分の所属組織なども含む) で直接収集したデータのことで，自分や所属組織などのサイトへのアクセス履歴，購入履歴や所属組織のアンケート結果などで収集される。

次に 2 次データは外部データの一種で，官公庁や研究機関など外部組織が保有している 1 次データなどのデータを指す。2 次データの収集や分析は，1 次データに欠けている情報を補うために有効である。

3 次データは 2 次データと同様に，一般に複数種類のデータを加工・整形し

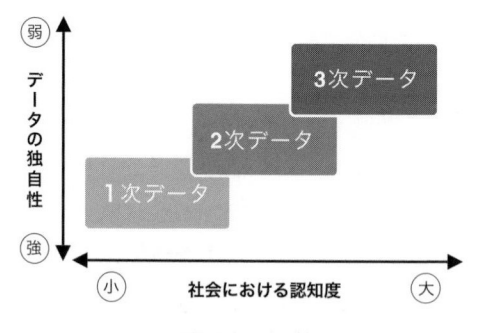

図 IV.36

使いやすくしたデータの状態を示す。ビジネスでは，マーケティング会社など
のデータ収集を専門に行う企業から購入できるような，第三者によって使いや
すい形に整えられたデータのことをよぶ。

どのデータが優れているというわけではなく，1次データ，2次データ，3次
データを組み合わせて分析することで有益な情報を得られることが多い。多く
の人が，わからない情報を自分で調査 (1次データ) するだけでなく，外部の人
に聞いたり (2次データ)，ネットで検索 (3次データ) して利用している。説明
可能性，相関と因果など，ビッグデータの利活用に際して，特にビジネスにお
いてメリットとデメリットとなるのは以下のようなものがあげられる。

(1) (メリット)

  (i) 様々なデータが定量化できる：　テキストデータなどでは，2単語
間の近さを数値化できる。

  (ii) 意思決定が迅速になる：　画像データを使えば，不良品を一瞬で見
分けることもできるようになる。

  (iii) 新たなビジネスモデルや知識創出につながる：　ビッグデータから
思いもよらないデータの動きがみつかるかもしれない。

  (iv) ビジネスプロセスや知識創出が改革できる：　根源的なデータの発
見，新しい知識創造の可能性が潜んでいる。

(2) (デメリット)

  (i) どのようなデータを抽出するかによって結果が180度変わる：　意
図的に情報を操作・誘導し，手もとにあるデータのどこを対象にす
るかによって，異なる結果を導出できる。

  (ii) 誤誘導：　インパクトを過大評価するあまり，見誤った (画期的な)
発見をしてしまうことがある。

  (iii) 見込み違い：　結果的に顧客の望みどおりにならない結果を推奨す
ることがある。

  (iv) 国民性：　ビッグデータや機械学習が受け入れにくい文化的傾向も
存在する。

第II章にも記したが，新しい技術であるAIやビッグデータの取り扱いにつ
いては，**倫理的・法的・社会的課題** (Ethical, Legal and Social Issues) を勘案
して行動すべきである。

## 10.3　ビッグデータ利活用の事例

　ビッグデータの利活用例は多岐にわたり，ほぼすべての学術領域に加え，ビジネスや実社会でも利用されるようになっている。この節では，これまで解説したテキスト解析と画像解析について，Web サービスを体験してみよう。本書はプログラマーやエンジニアの養成を目的にするものではないが，興味があれば，Web サービスを作る Web プログラミングについて取り組んでもよいだろう。Cloud サービスなど，自前のコンピュータ (PC) で動くソフト (ローカルアプリ) もたくさんあるが，ユーザーの利用している機材や OS によらない Web 上で動くユーザーフレンドリーなアプリはネットビジネスでも注目されている。

　ここでは Google ドキュメント[45]を OCR として利用する。Google アカウントを用意する必要があるが，Google ドライブにファイルをアップロードした後，「アプリで開く」で Google ドキュメントを指定してファイルを開くと，自動的にテキスト認識 (OCR) が行われる。「形式を指定してダウンロード」で.txt や .docx など任意の形式でダウンロードができるほか PDF に書き出すことも可能である。段組みも自動認識するようである[46]。

　サンプルとして「新型コロナウイルスの影響について」アンケートがあったので，手書きのアンケート回答をスマートフォンで写真に撮る。

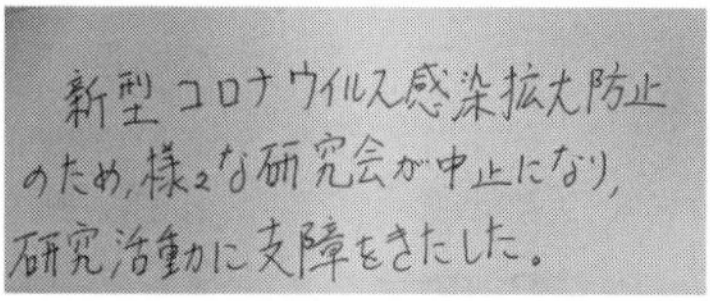

図 **IV.37**

　写真を JPEG ( .jpg) ファイルにしたものが図 IV.37 である。次に，この画像データを Google drive にアップし，「アプリで開く」で Google ドキュメントを指定し「ファイルを開く」にして，Word に変換したのが図 IV.38 である。「,」が 1 つ認識されていないが，ほぼ再現できている。

　手書きの文字が認識 (OCR) されて，「新型コロナウイルス感染拡大防止のた

---

45)　https://www.google.com/intl/ja_jp/docs/about/
46)　詳しい解説として https://ferret-plus.com/11993 などがある。他の OS やデバイスでも，たくさんの解説がみつかるであろう。

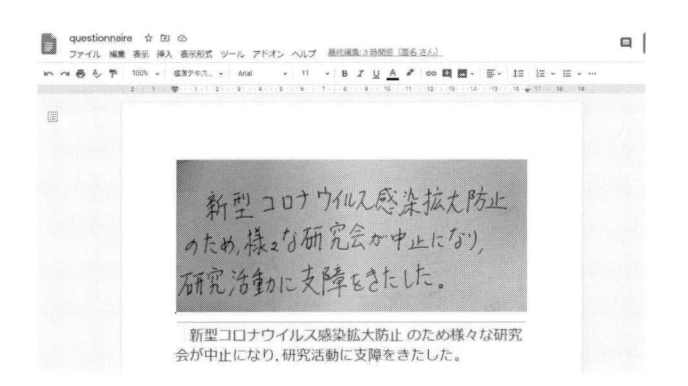

図 **IV.38**

め様々な研究会が中止になり，研究活動に支障をきたした。」となっているのが
みえる。さらに，上記の文章をユーザーローカルテキストマイニングツール[47]
で，テキストマイニングしてみる。HP 内にあるフォームに，OCR された上記
文章をコピー＆ペーストし，「テキストマイニングする」ボタンをクリックして
得られたのが図 IV.39 のワードクラウドである[48]。

図 **IV.39**

★練習問題 **IV.29.**[49]　本書についての質問や意見などを自由記載し，(手書きの) 画像
ファイルにせよ。手書きしたものを写真にとってもよいし，ソフトで字を書いて，JPEG
画像 ( .jpg) や PNG 画像 ( .png) に変換してもよい。ファイル名はわかりやすく，例え
ば，questionnaire.jpg, questionnaire.png などとして解答ファイルとせよ。

---

47)　前掲 https://textmining.userlocal.jp/
48)　この例の他にも多数のソフト (ローカルアプリ) があり，検索すればいくらでもみつかる。利
用する際はきちんと目的を定め，利用規約に注意するのはいうまでもないが，とにかく慣れること
である。
49)　以下の練習問題については，Windows, Mac, いくつかのスマートフォンを含めて実行可能
であることを確認しているが，PC やネット環境によっては，厳しい場合があるかもしれない。

★**練習問題 IV.30.** 前問の手書き原稿 (画像ファイル) を Google ドキュメント等の OCR ソフトを使ってデジタル化せよ。識字率は低くてもよい。デジタル化したファイル (.docx でも .txt でも .pdf でもよい) を，ファイル名を questionnaire.docx, questionnaire.txt, questionnaire.pdf などとして本問題の解答ファイルとせよ。

★**練習問題 IV.31.** 前問でデジタル化した原稿をテキストマイニングして，ワードクラウドを作れ。本文で紹介したテキストマイニングツールでも他のソフトウェアを利用してもよい。できたワードクラウドを，スクリーンショットなどにより JPEG 画像 (.jpg) や PNG 画像 (.png) 等の画像ファイル変換し，ファイル名は他と混乱ないように，wordcloud.jpg, wordcloud.png, wordcloud.pdf などとして解答ファイルとせよ。

# 11.　多変量解析 (1)

## 11.1　例

多変量解析 (multivariate analysis) は，データをいくつかの変数を使って特徴説明する方法である。

○**例 11.1.** ある商品の価格 $y$ (円) が，原価 $x_1$ (円) と人件費 $x_2$ (円) を用いて

$$y = 2 \times x_1 + x_2 + 100$$

で定まるとすると，原価 20 (円) で人件費 50 (円) ならば，価格は

$$y = 2 \times 20 + 50 + 100 = 190 \text{ (円)}$$

である。この場合，数を代入できる $x_1$ と $x_2$ が変数になる。変数が 2 個あるので **2 変数**とよぶ。

例 11.1 では，$y$ を $x_1$ と $x_2$ の 1 次式で，しかも完全にイコール "=" で結んで説明しているが，現実には厳密な意味では成り立たない。実際の商品の価格は，例えば次のようなものである。

| $x_1$ の値 | $x_2$ の値 | 実際の商品の価格 (円) | $y = 2 \times x_1 + x_2 + 100$ の値 |
|---|---|---|---|
| 20 | 50 | 190 | 190 |
| 30 | 60 | **210** | **220** |
| 10 | 40 | **175** | **160** |

下 2 段の "実際の商品の価格" と "$y = 2 \times x_1 + x_2 + 100$ の値" にみられる「ぶれ」の原因としては，

(1) $y$ を 1 次式だけ使って，$y = 2 \times x_1 + x_2 + 100$ の値で説明しようとした。

(2) 1 次式だけを使うとしても，1 次式 $y = 2 \times x_1 + x_2 + 100$ が説明に最適でない。

といったことが考えられる。ここでは §5.2 で述べた線形回帰を扱うので，(1) については考えない。では，(2) を改善するため，モデルを

$$y = x_1 + x_2 + 120$$

に変更してみたのが次の表である。

| $x_1$ の値 | $x_2$ の値 | 実際の商品の価格 (円) | $y = x_1 + x_2 + 120$ の値 |
|---|---|---|---|
| 20 | 50 | 190 | 190 |
| 30 | 60 | **210** | **210** |
| 10 | 40 | **175** | **170** |

最終行はまだ少しぶれているが，みた目だけだが前述の表よりは「より良く説明されている」ようである。

このようにして，実データをふまえてモデルを再構築するのが「回帰」という統計学の手法なのである。

## 11.2 重回帰分析

§5.2 で述べた回帰分析において，説明変数 $x$ を 2 個以上の場合に拡張したものが**重回帰分析** (multiple regression analysis) である。あて推量で 1 次式をみつけるわけにいかないので，§5.2 で述べたように系統的に求めたい。簡単のため，説明に使う変数を 2 変数に限り，まず，最初に 2 変数の 1 次式の意味について述べる。

**定義 11.1 (平面の式).** $xyz$ 空間を考える。$a, b, c$ を定数として，この空間のなかで

$$z = ax + by + c \tag{IV.13}$$

を満たす点をプロットすると，平面になる (図 IV.40)。

このとき，点 $A(x_0, y_0, z_0)$ の平面からのずれの長さ (残差) は

$$d = |z_0 - (ax_0 + by_0 + c)|$$

となる。

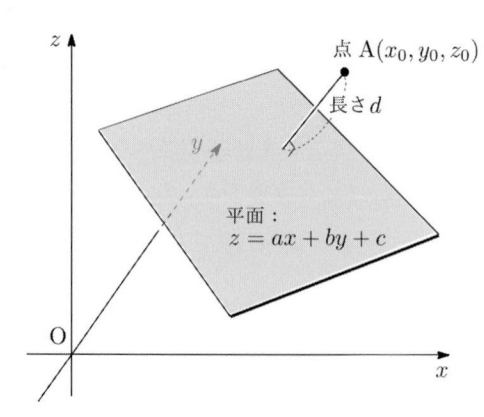

図 **IV.40**　$xyz$ 空間における平面

　2 変数の 1 次式は平面を表しており，重回帰分析ではこの平面をみつけることを目標とする。

　本節の目的は，$N$ 個のデータ

$$\mathrm{A}_1(x_1, y_1, z_1),\ \mathrm{A}_2(x_2, y_2, z_2), \cdots,\ \mathrm{A}_N(x_N, y_N, z_N)\quad (\text{IV.14})$$

があるとき，$z$ の値を，$x$ と $y$ の 1 次式 (IV.13) を用いて説明することである。そのために，平面 (IV.13) と各々の点 $\mathrm{A}_k\ (k = 1, 2, \cdots, N)$ のずれ $d_k\ (k = 1, 2, \cdots, N)$ の 2 乗の和が最小になるように，$a, b, c$ の値を決める。定義 11.1 から

$$d_k = |z_k - ax_k - by_k - c|$$

であるから，§5.2 のように

$$
\begin{aligned}
F &= d_1^2 + d_2^2 + \cdots + d_N^2 \\
  &= |z_1 - ax_1 - by_1 - c|^2 + |z_2 - ax_2 - by_2 - c|^2 + \cdots \\
  &\qquad + |z_N - ax_N - by_N - c|^2
\end{aligned}
$$

が最小になるように，$a, b, c$ の値を調整すればよい。

　上記の値 $F$ は，$a, b, c$ についての連続な 3 変数関数で，とりうる値は 0 以上，遠方で無限大となるので最小値をもつ。$F$ の最小値を与える $a, b, c$ では，$F$ の $a, b, c$ による偏微分の値は 0 である。いい換えれば，

$$\frac{\partial F}{\partial a} = 0, \quad \frac{\partial F}{\partial b} = 0, \quad \frac{\partial F}{\partial c} = 0 \qquad (\text{IV}.15)$$

であるので, 方程式 (IV.15) を解いて $a, b, c$ をみつけることができれば, 求める 1 次式 $z = ax + by + c$ が得られる. この式のことを**回帰式** (regression equation) という.

$a, b, c$ を定める公式は, 第 II 章で述べた次の量を用いて与えることができる. データは (IV.14) である.

**定義 11.2 (平均, 分散, 共分散).** $x, y, z$ の平均を

$$\overline{x} = \frac{x_1 + x_2 + \cdots + x_N}{N},$$

$$\overline{y} = \frac{y_1 + y_2 + \cdots + y_N}{N},$$

$$\overline{z} = \frac{z_1 + z_2 + \cdots + z_N}{N},$$

$x, y, z$ の**分散** (variance) を

$$\mathrm{Var}(x) = \frac{1}{N}\{(x_1 - \overline{x})^2 + (x_2 - \overline{x})^2 + \cdots + (x_N - \overline{x})^2\},$$

$$\mathrm{Var}(y) = \frac{1}{N}\{(y_1 - \overline{y})^2 + (y_2 - \overline{y})^2 + \cdots + (y_N - \overline{y})^2\},$$

$$\mathrm{Var}(z) = \frac{1}{N}\{(z_1 - \overline{z})^2 + (z_2 - \overline{z})^2 + \cdots + (z_N - \overline{z})^2\},$$

それぞれの**共分散** (covariance) を

$$\mathrm{Cov}(x, y) = \frac{1}{N}\{(x_1 - \overline{x})(y_1 - \overline{y}) + (x_2 - \overline{x})(y_2 - \overline{y}) + \cdots \\ + (x_N - \overline{x})(y_N - \overline{y})\},$$

$$\mathrm{Cov}(x, z) = \frac{1}{N}\{(x_1 - \overline{x})(z_1 - \overline{z}) + (x_2 - \overline{x})(z_2 - \overline{z}) + \cdots \\ + (x_N - \overline{x})(z_N - \overline{z})\},$$

$$\mathrm{Cov}(y, z) = \frac{1}{N}\{(y_1 - \overline{y})(z_1 - \overline{z}) + (y_2 - \overline{y})(z_2 - \overline{z}) + \cdots \\ + (y_N - \overline{y})(z_N - \overline{z})\}$$

とする.

分散と共分散から，第 II 章 §1.7 で述べた相関 (係数) が定まる。例えば，データ $x$ と $y$ の相関係数 $r$ は

$$r = \frac{\mathrm{Cov}(x, y)}{\sqrt{\mathrm{Var}(x)}\sqrt{\mathrm{Var}(y)}}$$

である。

このとき，次の式が成り立つことが知られている。

**定理 11.1.** データ (IV.14) を 1 次式 (IV.13) で回帰すると，分散，共分散のあいだには，関係

$$\begin{cases} \mathrm{Cov}(x, z) = a\,\mathrm{Var}(x) + b\,\mathrm{Cov}(x, y), \\ \mathrm{Cov}(y, z) = a\,\mathrm{Cov}(x, y) + b\,\mathrm{Var}(y) \end{cases} \qquad \text{(IV.16a)}$$

が成り立つ。

$a$ や $b$ を**偏回帰係数** (partial regression coefficient) とよび，連立 1 次方程式 (IV.16a) によって求める。式 (IV.13) すなわち $z = ax + by + c$ が回帰式となる。なお，大量にデータがあったときに，手計算で回帰式を求めるのは現実的でないので，多くのソフト (Excel, R など) には定理 11.1 が組み込まれている。

○**例 11.2.** 3 つのデータ

$$(x, y, z) = (3, 2, 5), (4, 3, 6), (2, -2, 1)$$

が得られたとして，表にまとめながら回帰分析する。最初に平均は

$$\overline{x} = \frac{3+4+2}{3} = 3, \quad \overline{y} = \frac{2+3-2}{3} = 1, \quad \overline{z} = \frac{5+6+1}{3} = 4.$$

次に，下の表で各数値を求めておく。

| | $x - \overline{x}$ | $y - \overline{y}$ | $z - \overline{z}$ | $(x - \overline{x})^2$ | $(y - \overline{y})^2$ | $(z - \overline{z})^2$ |
|---|---|---|---|---|---|---|
| データ 1 | 0 | 1 | 1 | 0 | 1 | 1 |
| データ 2 | 1 | 2 | 2 | 1 | 4 | 4 |
| データ 3 | $-1$ | $-3$ | $-3$ | 1 | 9 | 9 |
| 合計 | 0 | 0 | 0 | **2** | **14** | 14 |

| | $(x - \overline{x})(y - \overline{y})$ | $(x - \overline{x})(z - \overline{z})$ | $(y - \overline{y})(z - \overline{z})$ |
|---|---|---|---|
| データ 1 | 0 | 0 | 1 |
| データ 2 | 2 | 2 | 4 |
| データ 3 | 3 | 3 | 9 |
| 合計 | **5** | **5** | **14** |

各々の合計をデータ数 $n = 3$ で割ると

$$\mathrm{Var}(x) = \frac{1}{3}(x - \overline{x})^2 = \frac{1}{3} \cdot \mathbf{2} = \frac{2}{3},$$

$$\mathrm{Var}(y) = \frac{1}{3}(y - \overline{y})^2 = \frac{1}{3} \cdot \mathbf{14} = \frac{14}{3},$$

$$\mathrm{Cov}(x, y) = \frac{1}{3}\{(x - \overline{x})(y - \overline{y})\} = \frac{1}{3} \cdot \mathbf{5} = \frac{5}{3},$$

$$\mathrm{Cov}(x, z) = \frac{1}{3}\{(x - \overline{x})(z - \overline{z})\} = \frac{1}{3} \cdot \mathbf{5} = \frac{5}{3},$$

$$\mathrm{Cov}(y, z) = \frac{1}{3}\{(y - \overline{y})(z - \overline{z})\} = \frac{1}{3} \cdot \mathbf{14} = \frac{14}{3}$$

となる。定理 11.1 より，連立方程式

$$\begin{cases} \dfrac{5}{3} = a \cdot \dfrac{2}{3} + b \cdot \dfrac{5}{3}, \\ \dfrac{14}{3} = a \cdot \dfrac{5}{3} + b \cdot \dfrac{14}{3} \end{cases}$$

が得られ，これを解くと $a = 0, b = 1$ となる。結局，求めたい 1 次式は

$$z = y + c \tag{IV.18}$$

となる。

上の例では $y$ だけの式になったが，これも 1 次式である。$c$ を求めるために，1 次式 (IV.18) に対して改めて最小二乗法を適用する。

|        | $z$ の実測値 | $z$ の予測値 $y + c$ | 残差 $=$ (実測値)$-$(予測値) |
|--------|------------|--------------------|---------------------------|
| データ 1 | 5          | $2 + c$            | $3 - c$                   |
| データ 2 | 6          | $3 + c$            | $3 - c$                   |
| データ 3 | 1          | $-2 + c$           | $3 - c$                   |

上の表から，残差の 2 乗の和

$$(3 - c)^2 + (3 - c)^2 + (3 - c)^2$$

を最小にする 2 次関数の最小値を求めればよいので，$c = 3$ のときになる。結局，

$$z = y + 3$$

が，求めるべき 1 次の回帰式である。

## 11.3 説明変数が多数の場合

一般に，多数の説明変数に対しては以下のようになる．まず，$z$ を目的変数，$x_1, x_2, \cdots, x_n$ を説明変数とし，

$$A_1(z, x_1, x_2, \cdots, x_n), A_2(z, x_1, x_2, \cdots, x_n), \cdots, A_N(z, x_1, x_2, \cdots, x_n) \tag{IV.19}$$

を $N$ 個 $(N \geq n)$ のデータとする．このデータを 1 次式

$$z = a_1 x_1 + a_2 x_2 + \cdots + a_n x_n + c \tag{IV.20}$$

で回帰すると，次の定理が成り立つ．

**定理 11.2.** データ (IV.19) を (IV.20) で回帰すると，連立方程式

$$\begin{cases} \mathrm{Cov}(x_1, z) = a_1 \mathrm{Var}(x_1) + a_2 \mathrm{Cov}(x_1, x_2) + \cdots + a_n \mathrm{Cov}(x_1, x_n), \\ \mathrm{Cov}(x_2, z) = a_1 \mathrm{Cov}(x_2, x_1) + a_2 \mathrm{Var}(x_2) + \cdots + a_n \mathrm{Cov}(x_2, x_n), \\ \qquad \cdots \\ \mathrm{Cov}(x_n, z) = a_1 \mathrm{Cov}(x_n, x_1) + a_2 \mathrm{Cov}(x_n, x_2) + \cdots + a_n \mathrm{Var}(x_n) \end{cases}$$

が成り立つ．

なお，上記の連立方程式を行列の形で書くと以下のようになる．

$$\begin{pmatrix} \mathrm{Cov}(x_1, z) \\ \mathrm{Cov}(x_2, z) \\ \vdots \\ \mathrm{Cov}(x_n, z) \end{pmatrix} = \begin{pmatrix} \mathrm{Var}(x_1) & \mathrm{Cov}(x_1, x_2) & \cdots & \mathrm{Cov}(x_1, x_n) \\ \mathrm{Cov}(x_2, x_1) & \mathrm{Var}(x_2) & \cdots & \mathrm{Cov}(x_2, x_n) \\ \cdots & \cdots & \cdots & \cdots \\ \mathrm{Cov}(x_n, x_1) & \mathrm{Cov}(x_n, x_2) & \cdots & \mathrm{Var}(x_n) \end{pmatrix} \begin{pmatrix} a_1 \\ a_2 \\ \vdots \\ a_n \end{pmatrix}$$

●**例題 11.1.** 表 IV.3 は王貞治選手の 1959 年から 1980 年までのデータである[50]．本塁打数を目的変数とし，盗塁，盗塁刺，犠打，犠飛，四球，死球，三振，併殺打，打率を説明変数として Excel のデータ分析の機能でデータ分析して回帰式を求めてみると，以下のように求められた．

$$\begin{aligned} (\text{本塁打}) = {} & 0.251214145 \times (\text{盗塁}) - 0.470994414 \times (\text{盗塁刺}) \\ & - 4.240333197 \times (\text{犠打}) + 0.421831732 \times (\text{犠飛}) \\ & + 0.048405858 \times (\text{四球}) + 1.407922221 \times (\text{死球}) \\ & + 0.034794461 \times (\text{三振}) + 0.397653867 \times (\text{併殺打}) \\ & + 156.6534814 \times (\text{打率}) - 24.00030857 \end{aligned}$$

---

50) http://2689web.com/index.html より引用．

表 **IV**.3

| 本塁打 | 盗塁 | 盗塁刺 | 犠打 | 犠飛 | 四球 | 死球 | 三振 | 併殺打 | 打率 |
|---|---|---|---|---|---|---|---|---|---|
| 7 | 3 | 1 | 1 | 1 | 24 | 3 | 72 | 2 | 0.161 |
| 17 | 5 | 4 | 3 | 1 | 67 | 5 | 101 | 7 | 0.270 |
| 13 | 10 | 5 | 4 | 4 | 64 | 3 | 71 | 7 | 0.253 |
| 38 | 6 | 4 | 3 | 2 | 72 | 12 | 99 | 6 | 0.272 |
| 40 | 9 | 5 | 0 | 2 | 123 | 6 | 64 | 7 | 0.305 |
| 55 | 6 | 4 | 0 | 5 | 119 | 3 | 81 | 8 | 0.320 |
| 42 | 2 | 4 | 0 | 3 | 138 | 6 | 58 | 7 | 0.322 |
| 48 | 9 | 4 | 0 | 4 | 142 | 7 | 51 | 5 | 0.311 |
| 47 | 3 | 5 | 0 | 3 | 130 | 7 | 65 | 7 | 0.326 |
| 49 | 5 | 1 | 1 | 6 | 121 | 10 | 72 | 5 | 0.326 |
| 44 | 5 | 2 | 0 | 8 | 111 | 5 | 61 | 7 | 0.345 |
| 47 | 1 | 4 | 0 | 3 | 119 | 6 | 48 | 8 | 0.325 |
| 39 | 8 | 2 | 0 | 5 | 121 | 5 | 65 | 8 | 0.276 |
| 48 | 2 | 0 | 0 | 2 | 108 | 6 | 43 | 8 | 0.296 |
| 51 | 2 | 1 | 0 | 4 | 124 | 4 | 41 | 7 | 0.355 |
| 49 | 1 | 5 | 0 | 2 | 158 | 8 | 44 | 4 | 0.332 |
| 33 | 1 | 0 | 0 | 6 | 123 | 1 | 62 | 9 | 0.285 |
| 49 | 3 | 1 | 0 | 9 | 125 | 2 | 45 | 8 | 0.325 |
| 50 | 1 | 3 | 0 | 6 | 126 | 6 | 37 | 14 | 0.324 |
| 39 | 1 | 2 | 0 | 11 | 114 | 1 | 43 | 7 | 0.300 |
| 33 | 1 | 1 | 0 | 5 | 89 | 5 | 48 | 9 | 0.285 |
| 30 | 0 | 1 | 0 | 8 | 72 | 3 | 47 | 9 | 0.236 |

## 11.4　決定係数

　得られた回帰式がどの程度あてはまっているかを数値化するために，決定係数が用いられる。

　例えば，以下のデータ 1〜5 に対して 1 次回帰すると

$$z = -0.07892x - 0.41632y + 77.53724$$

となる。

| | $z$ の実測値 | $z$ の予測値<br>$z = -0.07892x - 0.41632y$<br>$+ 77.53724$ | $x$ の実測値 | $y$ の実測値 |
|---|---|---|---|---|
| データ 1 | 3.12435 | 29.44962 | 564.2342 | 8.546928 |
| データ 2 | −2.456 | 46.84182 | 423.2324 | −6.5 |
| データ 3 | 7.4543 | 104.4845 | −354.232 | 2.42308 |
| データ 4 | −3.67875 | −19.996 | 12 | 232 |
| データ 5 | 243 | 86.66593 | 7.3479 | −23.32 |
| 2 乗の和 | 59133.89 | 21889.26 | | |

決定係数を求めるために，$z$ の実測値の 2 乗の和を計算する。

$$z \text{ の実測値の 2 乗の和} = 3.12435^2 + \cdots + 243^2 = 59133.89$$

測定誤差があるので厳密には等号ではないが，二乗誤差をこの値で置き換える。予測値については，回帰式

$$z = -0.07892x - 0.41632y + 77.53724$$

を用い，$x$ と $y$ の値を代入してみつける。例えば，データ 1 の欄の予測値は

$$z = -0.07892 \times 564.2342 - 0.41632 \times 8.546928 + 77.53724$$
$$= 29.44962$$

により求めた。そこで $z$ の予測値の 2 乗の和を計算する。

$$z \text{ の予測値の 2 乗の和} = 29.44962^2 + \cdots + 86.66593^2 = 21889.26$$

以上のことをふまえ次の定義を与える。

**定義** 11.3. データについて，回帰直線を使って予測された値 (予測値) がどのくらいあてはまっているかの指標 $R^2$ を

$$R^2 = \frac{(\text{予測値の 2 乗の和})}{(\text{実測値の 2 乗の和})} \tag{IV.22}$$

と定め，これを**決定係数** (coefficient of determination) とよぶ。

上のデータであれば，

$$R^2 = \frac{21889.26}{59133.89} = 0.370164$$

となる。決定係数は 1 より小さい正の数で，決定係数が 1 に近いほど回帰式の予測値は実測値に近いと考える。

★**練習問題 IV.32.** 以下に，3 つのデータがある。まず，1〜9 までの数を適当に選び，それを △ とせよ。

$$(x, y, z) = (\triangle, 4, 2), (3, 2, 5), (0, 3, 2)$$

以下の問いに答えよ。分数を用いてよい。

(1) 例 11.2 にならって，$\mathrm{Var}(x)$, $\mathrm{Var}(y)$, $\mathrm{Cov}(x, y)$, $\mathrm{Cov}(x, z)$, $\mathrm{Cov}(y, z)$ をすべて求めよ。

(2) 連立方程式

$$\begin{cases} \operatorname{Cov}(x, z) = a \operatorname{Var}(x) + b \operatorname{Cov}(x, y), \\ \operatorname{Cov}(y, z) = a \operatorname{Cov}(x, y) + b \operatorname{Var}(y) \end{cases}$$

を解いて $a$ と $b$ の値を求めよ。

# 12. 多変量解析 (2)

## 12.1 判別分析

前節では，データを変数を用いて特徴説明する解析方法について述べたが，多変量解析ではその他に，主成分分析，因子分析，判別分析など，多くの方法が開発されている。本格的に判別分析を解説するためには，大学の数学で学習する線形代数学や微分積分学が用いられるが，ここでは大学レベルの数学の素養がなくとも理解できるよう，概要を述べることにする。

●例題 12.1. 図 IV.41 は平面上の散布図で，1 つの集団のデータを ★，もう一つの集団のデータを ★ としたものである。2 つの集団のデータを分ける線をみつけよ。

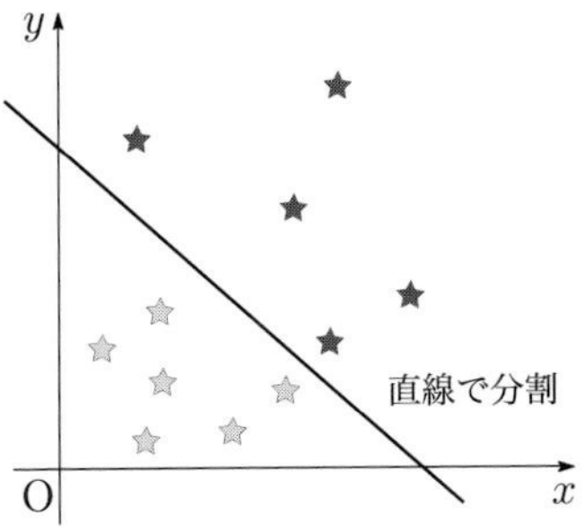

図 IV.41

このとき，

(問題 1) データを分けるような図形は，直線 (1 次式) でよいか。

(問題 2) 直線 (1 次式) だとしても，線がいろいろ引けそうだ。

といったことが問題になる。

このような**判別分析** (discriminant analysis) は多岐にわたって利用され，機械学習と組み合わせることもある。以下はその一例である。

(1) マーケティング:　顧客の将来的な発注予測や企業の倒産判別をする。また，アンケート結果等から回答者が製品 A と B のどちらを選ぶかを予測して「お薦め」に活用したり，画像認識から異常を判別する。

(2) 医療診断:　検査結果から病気の有無を判別したり，喫煙の有無や飲酒量などから癌の発病を予測する。また，身元不明の骨から性別や年齢を判別する。

(3) 合格予測:　模擬試験の結果から志望校の合格を予測する。

(4) 選挙予測:　世論調査などの結果から各候補者の当落を予測する。

ここでは，(問題 2) について取り上げ，判別直線をどのように定めるかを考える。

## 12.2　線形判別分析

判別分析のために必要な直線 (1 次式) の作成方法だけでも計算は煩雑で，大量データに対しては，コンピュータを使用しても手間やコストがかかることが多い[51]。ここでは厳密な理論は抜きにその計算法を述べる。

まず，2 つの集団 A, B があり，各々の集団はともに $N$ 個のデータからなり，外れ値などがなく，$xy$ 平面上で適切な散布図で描けるようなものとして，それらを

$$A(x_{A1}, y_{A1}),\ A(x_{A2}, y_{A2}), \cdots, A(x_{AN}, y_{AN})$$
$$B(x_{B1}, y_{B1}),\ B(x_{B2}, y_{B2}), \cdots, B(x_{BN}, y_{BN})$$

とする。最初に集団 A の $x$ 座標の平均 $\mu_{Ax}$ と $y$ 座標の平均 $\mu_{Ay}$ を計算し，縦に並べて

$$\mu_A = \begin{pmatrix} \mu_{Ax} \\ \mu_{Ay} \end{pmatrix} = \begin{pmatrix} \frac{1}{N}(x_{A1} + x_{A2} + \cdots + x_{AN}) \\ \frac{1}{N}(y_{A1} + y_{A2} + \cdots + y_{AN}) \end{pmatrix}$$

とする。同様に，集団 B の $x$ 座標の平均 $\mu_{Bx}$ と $y$ 座標の平均 $\mu_{By}$ を計算し，縦に並べて

$$\mu_B = \begin{pmatrix} \mu_{Bx} \\ \mu_{By} \end{pmatrix} = \begin{pmatrix} \frac{1}{N}(x_{B1} + x_{B2} + \cdots + x_{BN}) \\ \frac{1}{N}(y_{B1} + y_{B2} + \cdots + y_{BN}) \end{pmatrix}$$

---

51) Excel ではアドインソフトを入れたり，フリーの統計ソフト R や有料の統計ソフトを利用する。

とする。次に，

$$\overline{\mu} = \frac{1}{2}(\mu_A + \mu_B), \quad \delta = \mu_A - \mu_B$$

とする。成分で書けば

$$\overline{\mu} = \frac{1}{2}\left(\begin{pmatrix} \mu_{Ax} \\ \mu_{Ay} \end{pmatrix} + \begin{pmatrix} \mu_{Bx} \\ \mu_{By} \end{pmatrix}\right) = \begin{pmatrix} \frac{1}{2}(\mu_{Ax} + \mu_{Bx}) \\ \frac{1}{2}(\mu_{Ay} + \mu_{By}) \end{pmatrix},$$

$$\delta = \begin{pmatrix} \mu_{Ax} \\ \mu_{Ay} \end{pmatrix} - \begin{pmatrix} \mu_{Bx} \\ \mu_{By} \end{pmatrix} = \begin{pmatrix} \mu_{Ax} - \mu_{Bx} \\ \mu_{Ay} - \mu_{By} \end{pmatrix}$$

である。

最後に，A, B の分散と共分散を求める。

まず，集団 A における $x, y$ の分散は，それぞれ

$$\mathrm{Var}(x) = \frac{1}{N}\{(x_{A1} - \mu_{Ax})^2 + (x_{A2} - \mu_{Ax})^2 + \cdots + (x_{AN} - \mu_{Ax})^2\},$$

$$\mathrm{Var}(y) = \frac{1}{N}\{(y_{A1} - \mu_{Ay})^2 + (y_{A2} - \mu_{Ay})^2 + \cdots + (y_{AN} - \mu_{Ay})^2\}$$

であり，集団 A における共分散は

$$\mathrm{Cov}(x_A, y_A) = \frac{1}{N}\{(x_{A1} - \mu_{Ax})(y_{A1} - \mu_{Ay}) + (x_{A2} - \mu_{Ax})(y_{A2} - \mu_{Ay}) \\ + \cdots + (x_{AN} - \mu_{Ax})(y_{AN} - \mu_{Ay})\}$$

となる。

ここでは，現実的ではないが，記述を簡単にするため，以後，A と B の分散と共分散がそれぞれ同じになる場合について述べる。まず，求めた分散と共分散を使って，行列[52] $M$ を

$$M = \begin{pmatrix} \mathrm{Var}(x) & \mathrm{Cov}(x_A, y_A) \\ \mathrm{Cov}(x_A, y_A) & \mathrm{Var}(y) \end{pmatrix},$$

また

$$\boldsymbol{x} = \begin{pmatrix} x \\ y \end{pmatrix}$$

を用いて

---

52) 行列については §3 を参照。

$$\boldsymbol{x} - \overline{\mu} = \begin{pmatrix} x - \frac{1}{2}(\mu_{\mathrm{A}x} + \mu_{\mathrm{B}x}) \\ y - \frac{1}{2}(\mu_{\mathrm{A}y} + \mu_{\mathrm{B}y}) \end{pmatrix}$$

と定める。転置とよばれる記号 $^T$ を使って縦ベクトルを横倒し (横ベクトル) にして表せば[53]，

$$(\boldsymbol{x} - \overline{\mu})^T = \left( x - \frac{1}{2}(\mu_{\mathrm{A}x} + \mu_{\mathrm{B}x}),\ y - \frac{1}{2}(\mu_{\mathrm{A}y} + \mu_{\mathrm{B}y}) \right)$$

となる。

　また，行列の掛け算と逆行列 $M^{-1}$ を用いて

$$(\boldsymbol{x} - \overline{\mu})^T M^{-1} \delta = \left( x - \frac{1}{2}(\mu_{\mathrm{A}x} + \mu_{\mathrm{B}x}),\ y - \frac{1}{2}(\mu_{\mathrm{A}y} + \mu_{\mathrm{B}y}) \right)$$

$$\cdot \begin{pmatrix} \mathrm{Var}(x) & \mathrm{Cov}(x_{\mathrm{A}}, y_{\mathrm{A}}) \\ \mathrm{Cov}(x_{\mathrm{A}}, y_{\mathrm{A}}) & \mathrm{Var}(y) \end{pmatrix}^{-1} \begin{pmatrix} \mu_{\mathrm{A}x} - \mu_{\mathrm{B}x} \\ \mu_{\mathrm{A}y} - \mu_{\mathrm{B}y} \end{pmatrix}$$

$$= \cdots = (x \ \text{と} \ y \ \text{の1次式})$$

とおく。最後に求めた ($x$ と $y$ の1次式) が求める線形判別の式になる[54]。

●例題 12.2.　3人の健康な人達からなるデータ A 群が

$$(1, 2),\ (2, 3),\ (4, 1),$$

ある病気をもっている3人のデータ B 群が

$$(5, 6),\ (6, 7),\ (8, 5)$$

であるとして，線形判別分析せよ。(この例題も，A 群と B 群の分散と共分散が同じになる場合を考える。)

　(答)　定義に従って

$$\mu_{\mathrm{A}} = \begin{pmatrix} \mu_{\mathrm{A}x} \\ \mu_{\mathrm{A}y} \end{pmatrix} = \begin{pmatrix} \frac{1}{3}(1 + 2 + 4) \\ \frac{1}{3}(2 + 3 + 1) \end{pmatrix} = \begin{pmatrix} \frac{7}{3} \\ 2 \end{pmatrix},$$

$$\mu_{\mathrm{B}} = \begin{pmatrix} \mu_{\mathrm{B}x} \\ \mu_{\mathrm{B}y} \end{pmatrix} = \begin{pmatrix} \frac{1}{3}(5 + 6 + 8) \\ \frac{1}{3}(6 + 7 + 5) \end{pmatrix} = \begin{pmatrix} \frac{19}{3} \\ 6 \end{pmatrix}.$$

これより

---

53)　$\begin{pmatrix} x \\ y \end{pmatrix}^T = (x,\ y)$ である。

54)　手順が入り組んでいるので，Excel などの標準機能には組み込まれていない。

$$\overline{\mu} = \frac{1}{2}(\mu_{\mathrm{A}} + \mu_{\mathrm{B}}) = \frac{1}{2}\left(\begin{pmatrix} \mu_{\mathrm{A}x} \\ \mu_{\mathrm{A}y} \end{pmatrix} + \begin{pmatrix} \mu_{\mathrm{B}x} \\ \mu_{\mathrm{B}y} \end{pmatrix}\right)$$

$$= \begin{pmatrix} \frac{1}{2}(\mu_{\mathrm{A}x} + \mu_{\mathrm{B}x}) \\ \frac{1}{2}(\mu_{\mathrm{A}y} + \mu_{\mathrm{B}y}) \end{pmatrix} = \begin{pmatrix} \frac{1}{2}(\frac{7}{3} + \frac{19}{3}) \\ \frac{1}{2}(2 + 6) \end{pmatrix} = \begin{pmatrix} \frac{13}{3} \\ 4 \end{pmatrix},$$

$$\delta = \mu_{\mathrm{A}} - \mu_{\mathrm{B}} = \begin{pmatrix} \mu_{\mathrm{A}x} \\ \mu_{\mathrm{A}y} \end{pmatrix} - \begin{pmatrix} \mu_{\mathrm{B}x} \\ \mu_{\mathrm{B}y} \end{pmatrix} = \begin{pmatrix} \mu_{\mathrm{A}x} - \mu_{\mathrm{B}x} \\ \mu_{\mathrm{A}y} - \mu_{\mathrm{B}y} \end{pmatrix}$$

$$= \begin{pmatrix} \frac{7}{3} - \frac{19}{3} \\ 2 - 6 \end{pmatrix} = \begin{pmatrix} -4 \\ -4 \end{pmatrix}.$$

A 群の $x, y$ の分散はそれぞれ

$$\mathrm{Var}(x) = \frac{1}{3}\left\{\left(1 - \frac{7}{3}\right)^2 + \left(2 - \frac{7}{3}\right)^2 + \left(4 - \frac{7}{3}\right)^2\right\} = \frac{42}{27},$$

$$\mathrm{Var}(y) = \frac{1}{3}\{(2 - 2)^2 + (3 - 2)^2 + (1 - 2)^2\} = \frac{2}{3},$$

A 群の共分散は

$$\mathrm{Cov}(x_{\mathrm{A}}, y_{\mathrm{A}}) = \frac{1}{3}\left\{\left(1 - \frac{7}{3}\right)(2 - 2) + \left(2 - \frac{7}{3}\right)(3 - 2) + \left(4 - \frac{7}{3}\right)(1 - 2)\right\}$$

$$= -\frac{2}{3}.$$

以上から

$$(\boldsymbol{x} - \overline{\mu})^T M^{-1}\delta = \left(x - \frac{1}{2}(\mu_{\mathrm{A}x} + \mu_{\mathrm{B}x}),\ y - \frac{1}{2}(\mu_{\mathrm{A}y} + \mu_{\mathrm{B}y})\right)$$

$$\cdot \begin{pmatrix} \mathrm{Var}(x) & \mathrm{Cov}(x_{\mathrm{A}}, y_{\mathrm{A}}) \\ \mathrm{Cov}(x_{\mathrm{A}}, y_{\mathrm{A}}) & \mathrm{Var}(y) \end{pmatrix}^{-1} \begin{pmatrix} \mu_{\mathrm{A}x} - \mu_{\mathrm{B}x} \\ \mu_{\mathrm{A}y} - \mu_{\mathrm{B}y} \end{pmatrix}$$

$$= \left(x - \frac{1}{2}\left(\frac{7}{3} + \frac{19}{3}\right),\ y - \frac{1}{2}(2 + 6)\right) \begin{pmatrix} \frac{42}{27} & -\frac{2}{3} \\ -\frac{2}{3} & \frac{2}{3} \end{pmatrix}^{-1} \begin{pmatrix} \frac{7}{3} - \frac{19}{3} \\ 2 - 6 \end{pmatrix}$$

$$= \left(x - \frac{13}{3},\ y - 4\right) \begin{pmatrix} \frac{42}{27} & -\frac{2}{3} \\ -\frac{2}{3} & \frac{2}{3} \end{pmatrix}^{-1} \begin{pmatrix} -4 \\ -4 \end{pmatrix}$$

$$= \cdots = (x \text{ と } y \text{ の 1 次式})$$

が線形判別式となる。

## 12.3　分析例の続き

定理 3.1 で述べた 2 行 2 列の逆行列の公式

$$M^{-1} = \begin{pmatrix} a & b \\ c & d \end{pmatrix}^{-1} = \frac{1}{ad - bc} \begin{pmatrix} d & -b \\ -c & a \end{pmatrix}$$

を使って，例題 12.2 の続きを計算すると

$$\left( x - \frac{13}{3},\ y - 4 \right) \begin{pmatrix} \frac{42}{27} & -\frac{2}{3} \\ -\frac{2}{3} & \frac{2}{3} \end{pmatrix}^{-1} \begin{pmatrix} -4 \\ -4 \end{pmatrix}$$

$$= \left( x - \frac{13}{3},\ y - 4 \right) \frac{1}{\frac{42}{27} \cdot \frac{2}{3} - (-\frac{2}{3}) \cdot (-\frac{2}{3})} \begin{pmatrix} \frac{2}{3} & \frac{2}{3} \\ \frac{2}{3} & \frac{42}{27} \end{pmatrix} \begin{pmatrix} -4 \\ -4 \end{pmatrix}$$

$$= \left( x - \frac{13}{3},\ y - 4 \right) \frac{27}{16} \begin{pmatrix} \frac{2}{3} & \frac{2}{3} \\ \frac{2}{3} & \frac{42}{27} \end{pmatrix} \begin{pmatrix} -4 \\ -4 \end{pmatrix}$$

$$= \left( x - \frac{13}{3},\ y - 4 \right) \frac{27}{16} \begin{pmatrix} -\frac{16}{3} \\ -\frac{240}{27} \end{pmatrix}$$

$$= \left( x - \frac{13}{3},\ y - 4 \right) \begin{pmatrix} -9 \\ -15 \end{pmatrix}$$

$$= -9x - 15y + 99$$

となる。判別直線 $-9x - 15y + 99 = 0$ を図示するために，この式を整理して

$$y = -\frac{9}{15}x + \frac{99}{15}$$

とすると，この直線の傾きは $-\dfrac{9}{15} = -\dfrac{3}{5}$，切片は $\dfrac{99}{15} = \dfrac{33}{5}$ で，図示すると直線がデータ A 群とデータ B 群を分けている様子がみてとれる (図 IV.42)。

例えば，A 群のデータの一つ $(1, 2)$ を $-9x - 15y + 99$ に代入すると

$$-9 \cdot 1 - 25 \cdot 2 + 99 > 0,$$

B 群のデータの一つ $(5, 6)$ を $-9x - 15y + 99$ に代入すると

$$-9 \cdot 5 - 15 \cdot 6 + 99 < 0$$

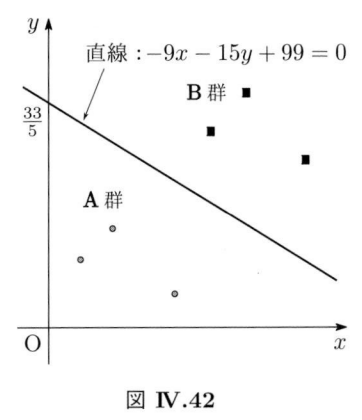

直線 : $-9x - 15y + 99 = 0$

B 群 ■

$\frac{33}{5}$

A 群

図 **IV.42**

であり，A 群と B 群の判別ができていることがわかる。

一度 線形判別の式がわかれば，新たなデータに対しても，A 群，B 群のうち，どちらに属するかを判別することができることになる。

●**例題 12.3.** 新たに 1 人測定したところ，データ $(3, 4)$ を得た。上の例題 12.2 の線形判別のもとで，このデータはどちらの群に入るであろうか。

データ $(3, 4)$ を $-9x - 15y + 99$ に代入すると

$$\boxed{\phantom{XXXXXXXXXXXXX}} > 0.$$

よって，データ $(3, 4)$ は A 群である。

★**練習問題 IV.33.** 以下に，A 群のデータがある。

$$(x, y) = (4, 2), (3, 4), (2, 3)$$

(1) $\mu_{\mathrm{A}x}, \mu_{\mathrm{A}y}, \mathrm{Var}(x), \mathrm{Var}(y), \mathrm{Cov}(x, y)$ をすべて求めよ。答えは，分数を使って書いてもよい。

(2) 数字 1〜9 の 1 つを選んで $\triangle$ とし，前問の結果に対して

$$\mu_{\mathrm{B}x} = \mu_{\mathrm{A}x} + \triangle, \qquad \mu_{\mathrm{B}y} = \mu_{\mathrm{A}y} + 2$$

とする。このとき，$(\boldsymbol{x} - \overline{\mu})^T M^{-1} \delta$ を計算して，線形判別の式を求めよ。

# 13.　多変量解析 (3)

## 13.1　数量化理論

　§11, §12 までに紹介した多変量解析では，各々のデータはすべて数もしくは数の集まり (ベクトル) として与えられていた。次に紹介する**数量化理論** (quantification method) は，数字でないデータ (質的データ) に数を対応させて扱う方法である。

　数量化理論は，数量化 I 類，数量化 II 類，数量化 III 類のように分類されることがある[55]。大ざっぱに数量化 I 類には重回帰分析，数量化 II 類には判別分析が対応する。

　アンケートは，集計して自分の目的にあったデータ解析をするために行うが，アンケートの項目や回答は，必ずしも数字とは限らない。

○**例 13.1.** ペットについてお答えください。
　(1) 猫は好きですか。　　　　　　　　　回答 1.　　1 はい　2 いいえ
　(2) 犬は好きですか。　　　　　　　　　回答 2.　　1 はい　2 いいえ
　(3) ペットを，何匹飼っていますか。　　回答 3.　　(　) 匹

　数量化されていないデータと数字や数量を強制的に対応させることが，数量化理論である。数字でない回答を数量化すれば，例えば，項目 1 と項目 2 から項目 3 を分析することができる。現実の状況や実験に対応するには，様々なデータを数量化しなくてはならない。このようなことは日常よく行われていることであり，例えば大学では 1 人ずつに学籍番号を与えているし，様々な国で導入されているマイナンバーなどは国民 1 人ずつに番号を付与している[56]。

## 13.2　数量化 I 類

　ここでは，質的データを数量化して重回帰分析する方法を紹介する。例 13.1 において，猫好き 1，猫嫌い 0，犬好き 1，犬嫌い 0 として数量化して回答を集計し，次のようになったとする。

---

55)　数量化 IV 類，V 類，VI 類もあるが，ほとんど言及・利用されることはない。
56)　なお，このような数量化には，第 III 章で述べたような倫理的な問題も生ずる。

| 回答者 | 猫 | 犬 | ペット (匹) |
|:-:|:-:|:-:|:-:|
| A | 1 | 1 | 3 |
| B | 0 | 1 | 1 |
| C | 0 | 1 | 2 |
| D | 1 | 0 | 3 |
| E | 0 | 0 | 0 |

ペット (匹) を $z$ とし，猫 $x$，犬 $y$ として重回帰分析を適用して

$$z = ax + by + c \qquad (a, b, c \text{ は定数})$$

となる $a, b, c$ を求める。5 つのデータは

$$(x, y, z) = (1, 1, 3), \ (0, 1, 1), \ (0, 1, 2), \ (1, 0, 3), \ (0, 0, 0)$$

である。これらをもとに計算をまとめて表にしたのが以下である。

| 回答者 | $x - \overline{x}$ | $y - \overline{y}$ | $z - \overline{z}$ | $(x - \overline{x})^2$ | $(y - \overline{y})^2$ | $(z - \overline{z})^2$ |
|:-:|:-:|:-:|:-:|:-:|:-:|:-:|
| A | $\frac{3}{5}$ | $\frac{2}{5}$ | $\frac{6}{5}$ | $\frac{9}{25}$ | $\frac{4}{25}$ | $\frac{36}{25}$ |
| B | $-\frac{2}{5}$ | $\frac{2}{5}$ | $-\frac{4}{5}$ | $\frac{4}{25}$ | $\frac{4}{25}$ | $\frac{16}{25}$ |
| C | $-\frac{2}{5}$ | $\frac{2}{5}$ | $\frac{1}{5}$ | $\frac{4}{25}$ | $\frac{4}{25}$ | $\frac{1}{25}$ |
| D | $\frac{3}{5}$ | $-\frac{3}{5}$ | $\frac{6}{5}$ | $\frac{9}{25}$ | $\frac{9}{25}$ | $\frac{36}{25}$ |
| E | $-\frac{2}{5}$ | $-\frac{3}{5}$ | $-\frac{9}{5}$ | $\frac{4}{25}$ | $\frac{9}{25}$ | $\frac{81}{25}$ |
| 合計 | $0$ | $0$ | $0$ | $\frac{30}{25}$ | $\frac{30}{25}$ | $\frac{170}{25}$ |

| 回答者 | $(x - \overline{x})(y - \overline{y})$ | $(x - \overline{x})(z - \overline{z})$ | $(y - \overline{y})(z - \overline{z})$ |
|:-:|:-:|:-:|:-:|
| A | $\frac{6}{25}$ | $\frac{18}{25}$ | $\frac{12}{25}$ |
| B | $-\frac{4}{25}$ | $\frac{8}{25}$ | $-\frac{8}{25}$ |
| C | $-\frac{4}{25}$ | $-\frac{2}{25}$ | $\frac{2}{25}$ |
| D | $-\frac{9}{25}$ | $\frac{18}{25}$ | $-\frac{18}{25}$ |
| E | $\frac{6}{25}$ | $\frac{18}{25}$ | $\frac{27}{25}$ |
| 合計 | $-\frac{5}{25}$ | $\frac{60}{25}$ | $\frac{15}{25}$ |

ここで平均は

$$\overline{x} = \frac{1 + 0 + 0 + 1 + 0}{5} = \frac{2}{5}, \qquad \overline{y} = \frac{1 + 1 + 1 + 0 + 0}{5} = \frac{3}{5},$$

$$\overline{z} = \frac{3 + 1 + 2 + 3 + 0}{5} = \frac{9}{5}$$

である。

項目各々の合計をデータ数 $n = 5$ で割れば，定義 11.2 より，

$$\mathrm{Var}(x) = \frac{1}{5} \cdot \frac{\mathbf{30}}{\mathbf{25}} = \frac{6}{25}, \qquad \mathrm{Var}(y) = \frac{1}{5} \cdot \frac{\mathbf{30}}{\mathbf{25}} = \frac{6}{25},$$

$$\mathrm{Cov}(x, y) = \frac{1}{5} \cdot \frac{\mathbf{-5}}{\mathbf{25}} = -\frac{1}{25}, \qquad \mathrm{Cov}(x, z) = \frac{1}{5} \cdot \frac{\mathbf{60}}{\mathbf{25}} = \frac{12}{25},$$

$$\mathrm{Cov}(y, z) = \frac{1}{5} \cdot \frac{\mathbf{15}}{\mathbf{25}} = \frac{3}{25}.$$

よって定理 11.1 より

$$\begin{cases} \mathrm{Cov}(x, z) = a\mathrm{Var}(x) + b\,\mathrm{Cov}(x, y), \\ \mathrm{Cov}(y, z) = a\,\mathrm{Cov}(x, y) + b\mathrm{Var}(y) \end{cases}$$

が成り立つので，連立方程式

$$\begin{cases} \dfrac{12}{25} = a \cdot \dfrac{6}{25} - b \cdot \dfrac{1}{25}, \\[2mm] \dfrac{3}{25} = -a \cdot \dfrac{1}{25} + b \cdot \dfrac{6}{25} \end{cases}$$

が得られる。これより $a = \dfrac{15}{7}$, $b = \dfrac{6}{7}$ と求められ，求める 1 次式は

$$z = \frac{15}{7}x + \frac{6}{7}y + c$$

となる。

次に，$c$ を求めるために，以下のように表

| | $z$ の実測値 | $z$ の予測値 $\frac{15}{7}x + \frac{6}{7}y + c$ | 残差＝(実測値)−(予測値) |
|---|---|---|---|
| A | 3 | $3 + c$ | $-c$ |
| B | 1 | $\frac{6}{7} + c$ | $\frac{1}{7} - c$ |
| C | 2 | $\frac{6}{7} + c$ | $\frac{8}{7} - c$ |
| D | 3 | $\frac{15}{7} + c$ | $\frac{6}{7} - c$ |
| E | 0 | $c$ | $-c$ |

を作って最小二乗法を適用する。残差の 2 乗の和

$$(-c)^2 + \left( \frac{1}{7} - c \right)^2 + \left( \frac{8}{7} - c \right)^2 + \left( \frac{6}{7} - c \right)^2 + (-c)^2$$

が最小になるのは $c = \dfrac{3}{7}$ のときで，結局，

$$z = \frac{15}{7}x + \frac{6}{7}y + \frac{3}{7}$$

が求めるべき 1 次の回帰式になる。

この結果から，猫が好きで犬が嫌いな人の飼ってるペット数の予測値が

$$\frac{15}{7}\cdot 1 + \frac{6}{7}\cdot 0 + \frac{3}{7} = \frac{18}{7} \fallingdotseq 2.57 \,(匹)$$

と計算される。

さらに本章 §1 で述べた検定や推定を適用して，"どの程度まで 1 次式による回帰が妥当性をもつか"を検証する方法も数多く提案されている。当面は多くのデータがあるほど精度が良くなると思っておけばよいが，厳密な意味を知りたい読者は，巻末にあげたより専門的な書に取り組むことを勧める。

補　足　　様々な質的データでも数量化すれば多変量解析が実行でき，回帰分析の他，判別分析，因子分析など，多くの手法が利用可能になる。大まかには，それら各々の手法に対応して各数量化 (I 類〜) があると理解しておけばよい。

例 13.1 としてアンケートを取り上げたが，実務から研究までありとあらゆる分野で，多変量解析や数量化は，AI との組合せと相まって必須の技術になっている。アンケートも自動化や AI 化がすすみ，数量化を用いて様々なデータが処理されている。数量化を理解すれば，データや AI の背景がわかりやすくなるだろう。

★練習問題 **IV.34.**　　(1) アンケートに答えよ。

項目 1　朝ご飯は食べますか。

回答 1　はい，いいえ　（←はい　か　いいえ　に ○ をして下さい。）

項目 2　規則正しい生活していますか。

回答 2　はい，いいえ　（←はい　か　いいえ　に ○ をして下さい。）

項目 3　睡眠時間は 1 日何時間ですか。

回答 3　[　　　　　]時間　（←空白に数字を入れて下さい。）

(2) すでに 2 人分のアンケートの集計がある。回答は　はい **1**，いいえ **0**　として数量化されている。自身の回答を数量化して [　　　　　] 内に記入せよ。さらに，1 次式で回帰せよ。

| 回答者 | 朝ご飯 | 規則正しい生活 | 睡眠 (時間) |
|--------|--------|----------------|-------------|
| A | 0 | 0 | 9 |
| B | 1 | 1 | 6 |
| あなた | | | |

# 参 考 文 献

1) 荒屋真二著「人工知能概論　第2版」共立出版，2004

2) 岩崎 学・西郷 浩・田栗正章・中西寛子共編／岩崎 学・姫野哲人共著「スタンダード　統計学基礎」培風館，2017

3) 小高知宏著「人工知能入門」共立出版，2015

4) 宮川公男著「基本統計学（第4版）」有斐閣，2015

5) J.C. ミラー著／村上正康訳「統計学の基礎」培風館，1988

6) 竹村彰通・姫野哲人・高田聖治編「データサイエンス大系　データサイエンス入門　第2版」学術図書出版社，2021

7) 齋藤政彦・小澤誠一・羽森茂之・南知恵子編「データサイエンス講座1 データサイエンス基礎」培風館，2021

8) 数理人材育成協会編「データサイエンティスト教程　応用編」学術図書出版社，2021

9) 趙 強福・樋口龍雄著「人工知能　AIの基礎から知的探索へ」共立出版，2017

10) 東京大学教養学部統計学教室編「人文・社会科学の統計学」東京大学出版会，1994

11) 涌井良幸・涌井貞美著「ディープラーニングがわかる数学入門」技術評論社，2017

12) 朝倉暢彦・江口翔一・太田家健佑著「やさしく学ぶ 統計データリテラシー」培風館，近刊

# 索　引

## ○数字・欧文

1 次データ, 160
2 次データ, 160
2 乗誤差, 48
2 標本 t 検定, 80
3 次データ, 160

A/B テスト, 15, 56, 57
ACF, 112
AI (人工知能), 2, 4, 125
AI 社会原則, 69
AI ブーム, 5, 6
API, 10
$\chi^2$ 検定, 57
CV (コンバージョン率), 15
DS (データサイエンス), 2
EC (電子商取引), 14
e-Stat, 8
GAFA, 4
GDPR, 63
Google Cloud Vision, 150
Google ページランク, 26
IoT, 9
IT, 59
k-近傍法, 22, 155
$k$ 色彩色可能, 86

k-平均法, 23
OCR, 150
OI, 59
OPS, 18
PPDAC サイクル, 24
SNS, 12
Society5.0, 1
SQC (統計的品質管理), 15
SVM, 22
$t$ 値, 74

## ○あ　行

アルゴリズム, 83
位相, 100
移動平均, 110
ウォード法, 22, 137
エキスパートシステム, 6
エッジ検出器, 153
円グラフ, 49
オイラー・グラフ, 84
オープンイノベーション, 10, 59
オールの定理, 88
折れ線グラフ, 49
音声, 12

## ○か　行

回帰式, 167

回帰直線, 121

回帰分析, 21, 118

階差数列, 114

階層クラスター分析, 23

階層クラスタリング, 133

下降トレンド, 108

加重平均, 37

カスタマージャーニー, 31

仮説, 76

画素, 12, 151

画像, 12

画像解析, 148

画像処理, 149

画像データ, 12

画像データベース, 149

カーネル行列, 151

加法モデル, 116

間隔尺度, 34

関数, 96

官民データ活用推進基本法, 63

機械学習, 6, 124

棄却域, 77

擬似相関, 47

技術的特異点 (シンギュラリティ), 61

季節変動, 109

帰無仮説, 79

逆行列, 106

強化学習, 23

共起の強さ, 142

共起頻度, 142

教師あり学習, 20, 21, 124, 125

教師なし学習, 21, 22, 124, 132

凝集型クラスタリング, 22

共分散, 43, 44, 167

行列, 101, 102

──の加法, 102

──の減法, 102

──の差, 102

──のスカラー倍, 103

──の成分, 101

──の積, 103

──の和, 102

局所特徴, 151

距離, 95, 97

距離行列, 134

距離空間, 97

空間フィルタリング, 151

区間推定, 73

クラウドソーシング, 13

クラスター, 22, 132

クラスター抽出法, 8

クラスター分析, 22, 132

クラスタリング, 132

グラフ, 83

グラフ理論, 84

訓練データ, 20

傾向変動, 108

経路, 83

決定木, 22

決定係数, 172

検定, 71

検定仮説, 79

検定統計量, 77

光学文字認識 OCR, 150

合成, 128

構造化データ, 11, 141

国勢調査, 8

コーシー・シュワルツの不等式, 98

孤立点, 85

コンバージョン率, 15

コンピュータビジョン, 148


○さ　行

再現実験, 56

最小二乗法, 119, 120

採択域, 76

最短距離, 132

最短距離法, 132

最適化計算, 17

最頻値, 36

サブスクリプションビジネス, 29

差分, 114

サポートベクターマシン, 22, 155

三角不等式, 97

残差, 165

算術平均, 37

散布図, 49

シェアリングエコノミー, 29

ジグモイド関数, 127

時系列データ, 107, 116

時系列分析, 107

次元解析, 48

自己相関, 112

自己相関関数, 112

次数, 83

自然言語, 12

実験計画法, 15

質的データ, 33

シミュレーション, 16

写像, 96

重回帰分析, 165

集合, 96

自由度, 74

巡回セールスマン問題, 90

循環変動, 108

順序尺度, 33

上昇トレンド, 108

乗法モデル, 116

人工知能, 2

深層学習, 6, 60, 65, 125

深層ニューラルネットワーク, 7

シンプソン係数, 142

信頼区間, 73

信頼係数, 73

推定, 71

数学的帰納法, 86

数理計画法, 15

数量化理論, 180

数列, 110

正規分布, 42, 72

正の相関, 43

セイバーメトリクス, 18

正方行列, 102

積集合, 96

説明変数, 118

線形判別分析, 174

相関, 19, 43, 46

相関係数, 168

層別抽出法, 8


○た　行

大域特徴, 151

ダイクストラ法, 91

対称行列, 134

対照実験, 56

代表値, 35

第 4 次産業革命, 1

多重辺, 83

多変量解析, 164

単位行列, 105

単一始点最短経路問題, 90

単純グラフ, 83

単純ベイズ分類器, 22

単純無作為抽出法, 8

チャートジャンク, 53

中央値, 35

中心極限定理, 72

重複係数, 142

テキスト解析, 144

テキストマイニング, 145-148

データ駆動型モデリング, 14, 59

データサイエンス, 2

データプラットフォーム, 63

データマイニング, 20, 141

データローカライゼーション規制, 64

点, 83

電子商取引, 14

デンドログラム, 134

統計的推論, 71

統計的品質管理, 15


○な　行

二重盲検法, 56

ニューラルネットワーク, 125

ネットワーク効果, 4

ノイズ, 108, 109, 114


○は　行

バイアス, 65

橋, 85

パターン認識, 149, 155

ハミルトン・グラフ, 84

ハミング距離, 98

パラメータ, 71

半ハミルトン・グラフ, 87

判別分析, 173

非階層クラスター分析, 23

非構造化データ, 11, 141

ヒストグラム, 34

ビッグデータ, 2, 8, 62, 141, 160

一筆書き多項式, 89

ヒートマップ, 51, 55

標準偏差, 39

標本 (サンプル), 34

標本標準偏差, 74

標本平均, 72

比例尺度, 34

非連結グラフ, 84

フィルタリング, 151, 152

不規則変動, 109

物体検出, 159

負の相関, 44

不偏標本分散, 74

ブラックボックス問題, 7, 67

フラーリーのアルゴリズム, 85

プリューウィットフィルター, 153

プール分散, 80

分位点, 73

分散, 39, 167

分布, 34

プラットフォーマー, 4

プログラム, 83

平滑化, 152

平均, 167

平均値, 35

平面の式, 165
閉路, 85
ベクトル, 101
辺, 83
偏回帰係数, 168
偏差, 44
偏差値, 41
偏微分, 121
棒グラフ, 34, 49
母集団, 34
母数, 71
ボラティリティ, 115

○ま　行
マンハッタン距離, 98
ムーアの法則, 61
名義尺度, 33
目的変数, 118

○や　行
有意, 57
有意水準, 77
融合距離, 134
ユーザーローカルテキストマイニング
　　　　ツール, 145, 147, 163
要素, 96

○ら　行
ランダムフォレスト, 22
量的データ, 34
ループ, 83
零行列, 105
零ベクトル, 101
連結グラフ, 83

○わ
ワードクラウド, 145, 147, 163

## 執 筆 者

### 鈴 木 貴
すず き　　たかし

現 在　大阪大学数理・データ科学教育
　　　研究センター特任教授
　　　数理人材育成協会代表理事
　　　理学博士

### 高 野 渉
たか の　　わたる

現 在　大阪大学数理・データ科学教育
　　　研究センター特任教授
　　　博士(情報理工)

### 宮 西 吉 久
みや にし よし ひさ

現 在　信州大学理学部准教授
　　　博士(理学)

ⓒ　数理人材育成協会　2021

2021 年 11 月 25 日　初 版 発 行
2023 年 3 月 15 日　初版第 2 刷発行

データサイエンスリテラシー

編 者　数理人材育成協会
発行者　山 本　格

発行所　株式会社　培 風 館
東京都千代田区九段南 4-3-12・郵便番号 102-8260
電 話 (03) 3262-5256(代表)・振 替 00140-7-44725

三美印刷・牧 製本

PRINTED IN JAPAN

ISBN 978-4-563-01613-5　C3004